销售如何说，顾客才会听
销售如何做，顾客才会买

陆 冰◎著

古吴轩出版社
中国 · 苏州

图书在版编目（CIP）数据

销售如何说，顾客才会听；销售如何做，顾客才会买 / 陆冰著．—苏州：古吴轩出版社，2016.5（2019.9重印）
ISBN 978-7-5546-0668-1

Ⅰ．①销… Ⅱ．①陆… Ⅲ．①销售方式 Ⅳ．①F713.3

中国版本图书馆CIP数据核字（2016）第073763号

策　　划：花　火
责任编辑：蒋丽华
装帧设计：润和佳艺

书　　名：销售如何说，顾客才会听；销售如何做，顾客才会买
著　　者：陆　冰
出版发行：古吴轩出版社
地址：苏州市十梓街458号　　邮编：215006
Http：//www.guwuxuancbs.com　　E-mail：gwxcbs@126.com
电话：0512-65233679　　传真：0512-65220750
出 版 人：钱经纬
印　　刷：大厂回族自治县彩虹印刷有限公司
开　　本：710×1000　1/16
印　　张：14.5
版　　次：2016年5月第1版
印　　次：2019年9月第7次印刷
书　　号：ISBN 978-7-5546-0668-1
定　　价：35.00元

前言

PREFACE

相信没有多少人会否认销售是一门课程、一门艺术，更是一项充满趣味但同时也充满挑战的伟大事业。与其他门类课程和艺术不同，销售有其自身的独特属性，而且要比其他门类课程和艺术更倾向于实战性。

销售的过程是卖家与买家沟通交流，最后达成买卖交易的过程。在这个过程里，销售员要使出浑身解数，千方百计引导客户购买产品，而客户也并不是被动接受、全盘接收的，他们可能会指出产品和服务的种种诟病，对销售员提出各种各样的要求，甚至是质疑和责难。即使产品被成功销售出去，销售工作也远远没有结束，因为产品销售出去后售后服务要随之跟上。其中任何一个环节的脱钩和连接不好，都不算销售工作圆满完成。

之所以赘述销售的过程，意在说明销售工作的复杂性和艰巨性。没有任何工作可以随随便便、轻轻松松获得成功。销售工作更是如此。这无疑向销售人员提出了一项严峻挑战：如何才能将销售工作做好？

实际上，销售工作就是如何说和如何做的事情。到底说什么，怎么说，以什么样的态度去说，客户才能听得进去，才会愿意听，愿意接受？这里面有很深的学问，涉及语言、心理、人际、社会等多门科学。作为销售人员，一定要洞悉销售语言里面的学问和技巧。在摸清客户心理需求的基础上，运用得体的专业语言与客户交流沟通，努力为成功交易奠定一个开阔之局。

在与客户聊得很热乎的基础上，要怎么做，做什么，以什么样的态度去做才能趁热打铁，将客户的购买欲望转化为现实的购买行为，十分关键，可以说成败在此一举。某种程度上讲，前面的“说”是为后面的“做”服务的。“说”好了，再“做”好了，交易也就自然达成了。同前面的“说”一样，“做”好也是不容易做到的，销售员需要做一个产品专家、心理专家、人际关系专家、法律专家，还需要懂得如何讨巧人，如何顺势行事，等等。一句话，要“做”好不容易。

本书是为销售人员量身打造的指南，是从销售人员的角度出发，阐述“如何说顾客才会听，如何做顾客才会买”这个核心问题的。全书分为上下两篇。上篇阐述销售员要“如何说”，下篇阐述销售员要“如何做”。内容全面，重点突出，论述清晰，事例翔实。此书十分适合销售人员，特别是刚进入销售领域的新手阅读。仔细揣摩体会，相信你一定会大有收获的。

目录

CONTENTS

上篇 “动听”之语动人心——说到客户心坎里

下篇 “贴心”之举成交易——做到客户更满意

上篇

“动听”之语动人心——说到客户心坎里

第一章 距离近了，话就好说了

生活中，距离不一定产生美。销售员和客户的陌生让他们之间有了距离。通常情况下，这种距离让客户对销售员有了一种本能的抵触和排斥。距离没有产生美，却造成了隔阂。这种情况下，销售员就要想办法打破这种隔阂，拉近与客户的距离，让客户乐意与自己交谈，这样才有可能实现销售。

1. 初次见面，应该怎么说

说话、办事打交道时，往往不宜直入主题，而是要先客套一下。

客套话是表示客气而与人说的话，它是人际交往的润滑剂。它能使不相识的人相互认识，使不熟悉的人相互熟悉，同时还会使沉闷的气氛变得活跃。特别是初次见面，几句合适的客套话会快速使气氛变得融洽。对于销售员来说，在正式的销售开始之前，几句客套话能拉近你与客户之间的心理距离，为后面的销售活动打下良好的基础。

“当客户愿意与你沟通的时候，你就相当于成功了一半。”这是日本销售传奇人物原一平总结出来的至理名言。对于销售人员来说，拉近与客户的心理距离是促成销售成功的第一步。

缩短与客户的心理距离可以采用多种方法，其中重要方法之一就是利用语言技巧。与人谈话的目的通常是为了沟通思想、增长知识、联络感情，或就是为了达成交易。出于这些目的，人们都希望通过与对方交谈，使自己的思想、情感、观念和条件为对方所接受，同时也希望对方能把自己当成真正的朋友，向自己倾诉肺腑之言，说出内心世界的真实想法。但是，在现代社会中，由于生活节奏的加快和生活圈的局限等多种因素，每个人对外都是有一定的封闭性，很难向人敞开心扉，畅所欲言。所以就需要在交谈中，设法激发和引导对方谈话。

在销售环节，销售人员更要善于利用语言技巧达成销售。与客户见面，通常都要说一些客套话，比如，“您好”“您留步”“您慢走”等。看下面这个事例：

销售经理在公司展厅迎接到访的客户，当到访的客户来到，他疾步上前：“您好，您是王总吧？您气色真棒！”（上前握手）

“薛总，您好！不好意思，劳您大驾，辛苦！辛苦！我们的李总正在忙，所以我来先和您谈一下！我是公司的销售经理，姓胡。”

“包经理，您好，您好！您人脉宽广，认识人多，以后请您多关照！”

这次联谊会取得了圆满成功。客户都被销售经理的客套话奉承得舒舒服服的。

再看下面这个事例：

乔小姐：“李经理吧，您好！欢迎来此参观访问，我是这次参观访问的接待人，我叫乔静。”

李经理：“好的，没有问题，谢谢您，乔小姐。”

乔小姐：“客气了，李经理，您这么年轻，能够独当一面，真是厉害呀！可谓少年英才！”

李经理：“您真会说话，过奖了。我们的生意还需要大家关照。”

乔小姐：“现在生意不好做，您还做得有声有色，确实是厉害，佩服！佩服！”

李经理：“呵呵，好说，找机会我们合作合作……”

宾主双方就在这种融洽的气氛中愉快地交谈着。

销售人员的客套话就是首先让客户接受自己，并在彼此之间建立一种友好关系。与客户的距离拉近了，客户才愿意听你说话，你也才能更加详细地介绍自己的产品。

在此基础上，如果你成功让你的产品吸引了客户的注意力，他就可能产生兴趣，进而激起购买的欲望。因此，与客户见面，一定要先说客套话，拉近彼此的距离，然后再慢慢展开交谈。

在说客套话时，要注意几点：首先一定要态度诚恳，这样才能为交谈注入融洽的氛围；其次要看准对象，对不同的人要说不同的话，即说话对象不同，客套话亦有所区别；再次要注意场合，不同的场合要使用不同的客套话；最后，说客套话还要注意地域差别，这一点也很重要，要求销售员要有丰富的人生阅历。

销售员只要兼顾到了这些要点，相信就能在与客户打交道中说好客套话。

2. 说双方都感兴趣的话题

一般来说，客户对陌生的销售员有一种抵触情绪，存有一定的戒备心理。这种戒备心理有碍于双方的有效沟通，也就是有碍于销售的进一步发展。作为销售人员，如果有办法消除这种抵触情绪，使客户乐于与自己交谈，则无疑会推动销售向前发展。

那要怎样才能让客户乐于与自己交谈呢？最好的方式就是找到与对方共同感兴趣的话题。双方就感兴趣的话题开始谈起，这样客户就会自然地融入和谐的谈话中，冷场也就被打破了。冷场打破了，双方的心理距离也就拉近了，销售也就得到了进一步的推进。

《黑人文摘》的创办人约翰逊想让森尼斯无线电公司成为自己的广告客户，于是他给该公司的总裁麦克唐纳写了一封信，信中表达了自己的这种请求。麦克唐纳回信拒绝了约翰逊的请求，他在信中告诉约翰逊他不主管公司的广告。

约翰逊不是那种轻易放弃的人，他对麦克唐纳的回信展开了研究，他认真地想：如果作为公司总裁的麦克唐纳不管广告，那会管什么呢？经过一番调查，约翰逊了解到，麦克唐纳在撒谎。作为公司总裁，他主管公司的大政方针的实施，其中就包括广告政策。在得到这个信息后，约翰逊又一次给麦克唐纳写了封信，信中再一次要求和对方见面。

麦克唐纳很快回了信，信中称赞约翰逊是个坚持不懈的年轻人，他决定见见面。但他告诫约翰逊在他们的谈话中约翰逊不能说在杂志上登广告的事，否则他会立即终止谈话。

在见面之前，约翰逊对麦克唐纳进行了深入的调查，希望能更了解这个大人物。他找来了所有记载麦克唐纳信息的资料进行研究。通过这些资料，约翰逊发现麦克唐纳是名探险爱好者，曾到过北极极点。到达的时间在黑人探险家汉森到达北极点之后不久。汉森是麦克唐纳非常敬佩的探险人物。

了解到这些情况后，约翰逊先让人找到汉森，请他在其出版过的一本探险书上签上名字。约翰逊准备将这本签有汉森大名的书送给麦克唐纳。接着，约翰逊又让人在即将要出版的一期《黑人文摘》上写一篇介绍汉森的文章。

做完这几件事后，和麦克唐纳见面的时间也到了。两人一见面，麦克唐纳就说道："你看那双雪地靴，它可是汉森送给我的。他还出过一本探险书，你看过没有？"约翰逊此时非常感谢自己前几天所做的调查和准备工作。他马上回答说："当然看过，谁会不看这么有趣的作品呢！我这里还有他亲笔签名的这本书，是送给您的。"约翰逊一边说一边将书递给麦克唐纳。麦克唐纳将书接过来，一边翻看一边说："我认为你们的杂志应该介绍像汉森这样优秀的黑人探险家。"约翰逊马上又说："是的，正如您所说，这样优秀的黑人探险家，我们怎么能放过。"说着，将刊登有介绍汉森文章的刚出的杂志递给麦克唐纳。

麦克唐纳感到很惊奇，他翻看了介绍汉森的那篇文章，看后显得非常高兴，并对手里的杂志进行了一番赞赏。约翰逊告诉麦克唐纳，《黑人文摘》是一份志在介绍像汉森这样敢于迎接生活挑战，不甘平庸的英雄人物。听完后，麦克唐纳沉思一会儿，然后对约翰逊说："我想了一会儿，实在找不到我们公司不在你们杂志上登广告的理由，所以我决定在你们杂志上刊登广告，我非常愿意这样做。"

上述事例中，聪明的约翰逊就是找到了和客户的"共同话题"，即探险爱好。然后在这一"共同话题"上引发了和客户的情感共鸣，拉近了彼此距离，进而顺利达成了交易。

那么，怎么样才能找到和客户的"共同话题"呢？具体情况具体分析，如果一时没有合适的切入点，不妨从下面几个话题寻找突破口。

（1）谈谈天气和新闻。销售员在和客户交谈时，可以找些轻松的话题，比如谈天气和新闻。这是一类比较大众的话题，容易引起共鸣。这就要求销售员平时要多关注一下天气情况，多看一些书籍、杂志以及资讯性的新闻等，以备丰厚的谈资。

（2）聊聊彼此熟悉的人和事物。这一类的话题也比较大众。在同一个大的社会背景下生活，总会有彼此都熟悉的人和事物。聊聊这些彼此都熟悉的人和事物可以使双方有一种一见如故的亲切感，拉近彼此的距离，为建立牢固的合作关系奠定基础。

（3）问问彼此爱好和兴趣。销售人员要尽量找到与客户共同的爱好和兴趣，并以此为媒介带动双方的情感互动，拉近彼此的距离。

只要找到了和客户的“共同话题”，就不难将话题展开。而话题展开了，双方的关系也就自然拉近了，销售自然也就顺畅了许多。

3. 不聊销售，先聊一聊生活

俗话说“心急吃不了热豆腐”，这句话同样适用于销售活动。确实，多数的销售活动都不适于一开始就直奔主题，而通常要先预热一下，拉近与客户的距离，循序渐进地与客户沟通，然后再找时机谈正题，这样才有可能取得预期的令人满意的效果。如果一开始就贸然直奔主题，不但不会取得客户的好感和信任，反而可能会让客户怀疑你的动机不纯，甚至可能会吓跑客户，使销售终止。

另有一个调查可以佐证这种说法。一份调查表明，我国一线定点销售人员中有92.7%是女性。女性性格有别于男性性格的三项就是耐心、细致以及有韧性。销售活动需要这三项独属于女性特质的特征来使其更顺利进行下去。

绝大多数客户都希望得到优质服务，而不是一开始就被询问是否需要某项产品，所以销售员在客户面前不要急于表露自己的销售意图，否则极容易会适得其反。看下面这个事例：

一个保险推销员去拜访一位认识但不熟悉的客户。一见面这个保险推销员先没有说明来意，而是与客户寒暄起来：“孟先生，您好！贸然打扰，贸然打扰，谢谢您抽空见我。这是我的名片，请多照顾。”

客户接过名片，看了看说道：“哦，曹经理，客气了。我们虽然不熟悉，但也见过几次面，谈不上贸然打扰。”

曹经理说道：“我知道您在政府机关上班，工作朝九晚五，很规律，但不知您平时都有哪些休闲活动？”

“哦，近段时间比较充实，每周要抽出两个晚上去上管理培训课。休息日则带孩子去公园或者动物园玩。”

“嗯，是比较充实，白天上班，晚上还要充电学习，真积极上进，佩服。您父母就您一个孩子吗？”曹经理又问道。

“不是，我还有一个哥哥、一个姐姐，我排行最末。”孟先生回答道。

“哦，那他们都在哪里高就？与您一样，也在政府上班吗？”曹经理紧问道。

“不是，我哥哥在国企药厂上班，我姐姐在银行上班。”

“都是好工作，真让人羡慕。”曹经理附和着说道。

“您平时有理财的习惯吗？都做了哪些理财呢？”曹经理问道。

“几乎没做什么理财，不太懂，除了花销外也没有多少闲钱。不过保险倒是上了。”孟先生有些无奈地说道。

“哦，您的保险吗？”曹经理问道。

“哦，是的，我有保险，单位给上的。不过我太太和孩子没有保险。”孟先生认真地回答道。

“孟先生，保险不像理财要量力而行。作为朋友，我认为您需要给您的太太和孩子上一份保险。这是对她们未来生活的一份保障，是很重要的。您说呢？”曹经理渐渐引入正题。

“嗯，我知道在现代商业社会保险是必要的，您是保险业人士，肯定了解得比我清楚。您告诉我一年一个人大约要交多少保险？”孟先生问道。

“这要看具体您选择什么保险？不同的险种缴费是不一样的，需要承担的责任也不同的。一般来说，像您这样的家庭……”曹经理开始介绍公司保险险种。

孟先生一边仔细听着，一边沉思。最后，曹经理告辞时，孟先生要求他明天带两份保险合同来家里洽谈。

这个案例中，聪明的曹经理在和客户交谈时，没有贸然推销保险，而是采取了循序渐进的方式，先是与客户寒暄，然后唠家常，等拉近了与客户的距离，获得客户的信任后才进入正题，最后他成功取得了客户的信任，为后面的销售打下了良好的基础。

4. 没有关心，就没有关系

相信每一个人都喜欢与真诚关心他人的人交往，没有人喜欢无情的人。作为一个销售人员，如果从一开始接触客户时，就能够从客户角度出发为客户着想，说一些关心客户的话，那么一定会很容易引起客户情感上的共鸣。实际上，现代销售理论认为真心关心客户，说一些关心客户的话是一个销售员必备的素质之一，也是销售员获得成功的思想基础。

在这方面，世界上有很多著名的销售员已经做出了很好的表率。他们都真心实意地关怀着自己的每一位客户，有些销售员甚至和自己的客户成了十分亲密的朋友，比如美国的汽车推销大王乔·吉拉德、日本的保险推销大王原一平都是这方面的代表。他们都和自己的客户保持着非常持久和亲密的联系。

从客户角度出发真心为客户着想已经成为这些世界知名推销员的行动指南。从中我们不难得出一个结论，那就是，如果一个销售员要想取得好的业绩，就要学会从客户的角度出发，真心关心客户，为客户着想。只有这样，客户才会感受到你的真诚，进而和你拉近关系，直至你们成为亲密的朋友。

郭庆是国内一家大型保险公司的一名普通销售员，他深谙这个伟大的销售思想，也一直秉持这种思想为人处世。下面是他多次销售事例中的一次：

一次，郭庆前去拜访一位陌生客户。他敲响了客户的房门。门很快打开了，给他开门的是一位面容憔悴的中年妇女。阅人无数的郭庆一看便知她一定是整日不停为家庭、孩子操心，他想以真心的关怀和她展开交谈，于是他开始便对她和她的孩子表示出了真诚的关怀。

在做过简单自我介绍后，郭庆以一副真诚的样子对女客户说："看您的样子，一定为家庭和孩子操碎了心。有您这样负责任的母亲，您的孩子一定会有出息的。您的丈夫也一定非常幸福，因为有您为他操劳。有您在，一切都会更好的。"

听了郭庆的一番发自肺腑的真诚赞美后，女主人放下了对陌生人的戒备之心，请郭庆进屋就座交谈。交谈中，女主人告诉郭庆自己确实如郭庆所言为家庭和孩子忙碌操劳。她说自己的丈夫事业有成，而且目前前景不错，算得上是一个成功人士；孩子学习也很好；只是自己身体不是很好，并患有糖尿病，只能在家照顾一下孩子。

听到这儿，郭庆以关心的口吻安慰女客户："您同您的丈夫同样伟大，因为每一个成功男人的背后都有一个伟大的女人。您的贤惠、勤俭持家是对您丈夫事业最有力的支持，我真羡慕您的丈夫有您这样一个善良能干的妻子。但您一定要注意身体，身体健康是非常重要的。糖尿病虽然不算什么大病，但也一定要注意保养。调理好了，同样可以长寿。您想一想，只有您身体健康，您的丈夫才能安下心在外面打拼！"

郭庆为客户着想的真诚话语打动了女客户的心，使她感受到了来自对方的真挚的关怀。经过几次交谈，他们成了关系非常好的朋友，女客户的丈夫从郭庆那里给自己和家人都买了份保险。

生活在社会中的每个人，都需要别人真诚的关怀。关怀的话语使人感到温暖和力量。作为一个销售员，要真心关怀每一位客户，并且以适当的语言将这种关怀之情表达出来，让客户感受到来自你的真心实意。

关怀是相互的，在感受到了你真诚的关怀后，客户也会投之以桃报之以李，适时表现出对你关怀的谢意，从而信赖你，愿意购买你的产品，接受你的服务。

如何才能做到真心为客户着想，进而打动客户的心，拉近彼此的距离呢？可参照下面的几个建议进行。

（1）尊重客户。每个人都希望自己能得到他人的尊重，这是毋庸置疑的。作为销售人员如果真心为客户着想，首先就要尊重客户，在与客户的交流中真心地满足客户的情感需要，并努力让客户感受到你的诚意，这样双方才有可能建立起一种友好亲近的关系。

（2）将客户当作亲人对待。如果销售员能够做到将客户当作亲人对待，那么就会为其提供真诚的建议，提供质量优良的产品和周到完善的服务。而受到这样服务的客户也定会满意你的服务，进而被你的真心所打动。

（3）给客户提供真诚的建议。销售员不要为了自己一时的利益而采取各种手段蒙骗客户，即使蒙骗成功，客户购买了你的产品，但你的这种成功是暂时的，你的这种交易属于一锤子买卖，定然不会长久。销售的目的是为客户带来他们真正需要的产品和服务，并从中获得利益，所以要了解客户的真实需求，并在此基础上给客户提供真诚的建议。

（4）坦诚相待，如实介绍产品。在给客户介绍产品和服务时，不要有所欺瞒，也不要故弄玄虚，而要坦诚相待，如实介绍产品和服务的优缺点。让客户了解清楚产品和服务的真实面貌，以便做出合理的取舍决定。这样才能用自己的真心打动客户，拉近彼此的距离，进而取信客户，将生意做成，做长久。

5. 让客户获得与知己聊天的感受

销售员和客户的谈话适宜在友好和谐的气氛下进行，这是毋庸置疑的。在这种气氛下，客户就好像在与一个知己进行交谈，这显然会大大有利于销售活动。

但如何才能让客户感觉与销售员的谈话就像在与知己进行谈话呢？关键是要想办法拉近彼此的心理距离。

作为销售人员来说，要努力寻找彼此共同关心的话题，一旦发现对方对自己现在所说的话题不感兴趣，一定要及时打住，马上去寻找对方感兴趣的话题。

让客户获得像是在与知己进行谈话的感受，对销售人员有什么好处呢？看看下面这个事例便可知晓。

富特是一位保险推销员，他善于与人沟通，也乐于与人打交道。一次他去拜访一位富翁，他希望这位富翁可以买他所推销的保险。两个人一见面，富特就施展开自己善于与人打交道的本领，与富翁交谈起来。两人从上午10点谈起，一直谈到下午5点，谈话持续了7个小时。富特告辞的时候，富翁意犹未尽，非常高兴地说："咱们谈了那么长时间，我怎么感觉好像只谈了10分钟。真是不可思议！"

第二天下午，这样的谈话像第一天那样在友好和谐的气氛下进行，两人从下午2点钟谈到晚上8点，仍感觉有很多共同感兴趣的话题没有谈完，此时的他们就像好久没有见面的老朋友。

第三天，老朋友式的谈话进行了更长的时间，此时，富翁已经不把富特当作一名销售员，而将之视为无话不谈的老朋友。他敞开心扉，将自己以往的经历像讲故事似的一股脑讲给富特听，而此时富特不需要再说什么，只需要专心倾听，偶尔询问上一两句，或者赞美几句。

最终，富翁才想起富特还是一名保险推销员，不过此时他已经不介意对方是什么身份了，他给家人买了一份巨额寿险，也为自己的生意买了份意外险。

富特成功了，他的情感投资让他得到了一份丰厚的回报。

如能成功拉近与客户的心理距离，让客户感觉好像是在与知己进行谈话，那么客户自然会敞开心扉，向你传达更多更有用的信息。这自然有利于后面的销售活动。

如果客户抛开生意上的谈判，而找你进行与此关系不大的聊天，说明他正试图与你交朋友，至少他对你抱有好感。这时，你要找准位置，定好角色，扮演好客户的倾吐对象、贴心知己。这种角色的扮演并不是轻而易举的，它需要你具备一定的素质。在进行这样的谈话时，通常要注意下面这些事项：

首先，要避免急功近利。这个要求在你与客户初接触时，尤其要引起注意。多位经验丰富的销售人员都认为，在跟客户接触初期，一定要使自己的目的模糊化，而要使客户的需求清晰化。这不难理解， 在跟客户接触初期，如果让客户感觉到你有强烈的目的性，就是希望他购买你的产品，他自然会对你有所抵触，甚至反感。很多时候，不那么急功近利，反而会更容易被接纳。

其次，要注重倾听而不是多说。销售员要明白一个道理，多说并不一定机会就多，要学会倾听。销售员工作的重要一项就是要学会倾听别人的心声。把耳朵而不是嘴巴给别人才是聪明之举。对客户说他不感兴趣的话题，远不如对客户说："能不能将您的想法告诉我？"当客户谈论起他感兴趣的话题时，销售人员最应该做的就是安安静静地倾听，只有这样才能获得客户对你的好感。

再次，记住不要打断客户的话。在客户说话时，销售人员一定切记不要打断，如果妄加打断，往往会令客户恼火，合作的事也多半要泡汤。有一些自作聪明的销售人员喜欢打断客户的说话，然后大谈特谈自己的高明见解，妄加评论客户的看法。这种做法往往令客户反感，甚至令其转身离开，因此，一定不要做这样的傻事。

最后，还要准确判断客户的兴奋点。由于每个人性格不同，经历不同，知识体系不同，彼此感兴趣的话题也就要因此有所不同，作为销售人员，要争取准确判断客户的兴奋点在哪里，对哪些话题感兴趣，然后主动围绕这些话题展开对话，让对方逐渐接纳你。

6. 你能把话说得更亲切吗

亲和力会在销售员和客户之间建立起信赖的桥梁，而这无疑会推进交易向前发展。因为双方一旦建立起信赖的桥梁，双方就不再仅仅是买卖双方的关系，而是可以畅谈的朋友。

那么如何创造出亲和力呢？因素有很多，幽默的语言、真诚的微笑，还有适宜得体的打扮等都有助于创造亲和力。著名销售大师、日本寿险业的传奇人物原一平给我们做出了很好的表率。

在原一平还籍籍无名的时候，他去见一个客户，见到客户后他开门见山地说："您好，我是明治保险公司保险销售员，名叫原一平。"

客户没有什么大的反应，过了会才慢慢地说："前几天来过一个保险销售员，可我不想投保，因此我把他赶走了。你呢，最好也不要在我这儿浪费时间和口舌了。"显然，这个客户想三言两语打发走原一平。

原一平岂是那种能随随便便打发走的人。他听了客户的话后，不急不躁，不紧不慢地说："谢谢您的好意，但我还是希望您给我一个介绍我的产品的机会。如果我介绍完我的产品后，您不满意，我就当着您的面切腹。您看如何？"

客户听了原一平的话后，哈哈大笑起来，问道："如果我不满意，你当真要切腹？"

"您放心，一定，就像这样一刀刺下去！"原一平一边说着，一边像模像样地比画着。

“那好，那我可要看你切腹了！”客户有些幸灾乐祸。

“当然，我是非常害怕切腹的，那是非常痛苦的，所以我一定要用心介绍我的产品，让您满意！”说到这儿，原一平脸上的表情由原来正经的模样变成了一副搞笑模样，客户见了再一次禁不住哈哈大笑起来。

在这里，原一平语言诙谐幽默，逗得客户几次哈哈大笑，双方的距离不一会儿就拉近了，亲和力被成功营造了出来。有了亲和力，客户就愿意继续谈下去，这时候销售活动就容易推行下去。再看看国内一个销售保险的实例。

郭虎是一家寿险公司的业务员，一次他想通过电话约见一位朋友介绍的准客户。电话打通后，他是这样说的：

“您好，穆小姐，我叫郭虎，是一名寿险公司业务员。听您朋友某某说您对家庭财产继承法有很深的研究。这方面的问题我有些疑问，几天前我已经咨询过您的那位朋友，不过他的解答没有让我满意，他向我推荐了您，所以今天打电话给您，有些冒昧，请谅解。”

“哦。”对方反应很平淡。

“穆小姐，本来想让您的那位朋友给您打电话说这事，但那样的话我感觉有些强迫的味道，我认为还是自然点好，尊重您的意见。您说呢？”

“哦。”同样一声应答，不过听起来比第一次亲切多了。

“穆小姐，我非常想当面聆听您的教诲，不知能不能有这样的机会？”

“好吧，既然这样，那咱们就约个时间见面吧！”电话那边终于松了口。

那一刻，郭虎感觉对方的声音好听极了。要说明的是，最后穆小姐由郭虎的准客户变成了真正的客户。

一个优秀的销售人员都善于创造自己的亲和力以拉近和客户的关系，亲和力营造出来了，客户就愿意听你说话，这也就为销售活动打下了一个良好的基础。很多失败的销售员往往缺乏亲和力，无法和客户建立起亲密的关系。

美国著名销售大师乔·吉拉德非常善于营造超人的亲和力。这是他销售活动无往而不利的法宝。他有一句在销售界非常流行的名言是这样的：“每个人都喜欢被别人接受或者喜欢。”

对于销售人员来说，如果你能成功地让客户也产生这样的想法，那么你的销售活动也多半会成功。而让客户产生这样想法的关键就是你要具有亲和力。亲和力有了，友谊也就容易产生了，而友谊有了，销售也就成功了一半。

第二章
做实在人，就要说实在话

人和人之间肯于交谈，愿意交流，往往依靠的就是一份真诚。真诚就像人际交往的一张通行证，没有了真诚，谁还会愿意听你说话，跟你交往？作为销售人员，更是需要用真诚之语“敲”开客户紧闭的心扉，使客户愿意听你说，愿意和你交往。

1. 想获得信任，说话就要靠谱

如果一个销售员能做到让客户觉得说话靠谱，就会大大增加合作的机会。因为靠谱的话，会让他们感到安心，会让他们的戒备心理大大降低。

在销售员诸多的好品质中，客户最看重的品质是“诚实”，评价最低的品质是“不诚实”，从中可见，诚实的品质是何等重要。一个销售员要想赢得别人的信任，与别人建立良好的合作关系，一定要具备诚实的品质。这会让一个销售员的人际关系向纵深发展。

相信很多销售人员都会有这样的体会，如果一个客户真的想购买某产品，一定会询问该产品的许多情况，正因为想拥有，才如此关注，这是情理中的事情。这个时候，销售人员切记要清楚、如实地回答客户的询问，不宜遮遮掩掩，更不要欺骗。

一位客户来到一家种子公司想购买一袋种子。经过查看，他选中了一袋，但货比三家，他又认为这袋种子的售价要比别家的贵。这时销售人员就应该意识到，这个客户是真心想购买这袋种子，他之所以提出售价比别人家的贵，是因为他不知道这种差价是如何产生的。

在意识到这些问题后，销售人员可以这样给客户进行解答：“我们公司的种子之所以售价要比别人家的稍高一些，是因为我们公司的进货渠道不同。种子是从某某市某某种子基地进的，这个种子基地是有国家授权机构授权证书的，值得信赖。另外，我们公司的种子已经经由保险公司保险，所售种子万一出了质量问题，将会得到一定的赔偿。这样双保险，确保用户的利益。”

这个销售员清楚、专业的解答让这个客户觉得很靠谱。客户只说了句“你这样说，我才安心”后，就没有再说什么而是掏出钱来买下了这袋种子。

作为销售人员一定还要明白，话语不真诚，多数客户还是能听得出来的。一方面脸上挂着微笑，一方面言语中透漏出强烈的功利性，这样的不“和谐”，一定会引起客户的戒备心理，也多半不会让你的阴谋得逞的。

要做到让客户觉得你说话靠谱，就不要轻易向客户许下诺言。如果你所推销的产品需要从外地进货。而进货的时间需要十天，就不要跟客户说只需要两三天就可以提货，这种无法兑现的承诺会让你失去诚信，同时，也会让客户觉得你说话很不靠谱。

很多时候并不是你对客户说“不”，就会失去这笔生意，相反，客户可能会觉得你更靠谱。因为任何一个非常专业的销售员都不可能回答出客户所有的问题，这种情况下，要诚心诚意、直截了当地予以答复。如你无法回答客户的一个问题，就可以这样说：“真是不好意思，您问的这个问题，我现在无法给您正确的解答，您允许我稍后查找答案，然后再给予您确切的答复。”

客户听了这样恳切的回答，相信不会质疑你的业务能力和业务素质，相反会增进对你的信任。在得到客户的谅解之后，如果时间和条件允许的话，你应该尽快去查找答案，然后给予客户正确的解答，进一步取得客户的信赖和支持。

实际上，说到底，要做到让客户觉得说话靠谱，销售员就要有一颗讲诚信的心，让客户感觉出你的真诚。如何做才能让客户觉得你很真诚呢？可参考下面几条建议。

（1）用真诚的眼光注视客户。眼睛是心灵的窗口，是一个人心灵情感的流露。一个善于观察的人可以从一个人的眼神中看出这个人的内心世界，因此，要让客户看到你的真诚，你就要用真诚的眼光注视客户，这样才可能赢得客户的关注、信任和支持。

（2）看客户的时候，要正视对方的眼睛。如果不正视客户的眼睛，会让客户误认为你不够坦诚，心里有鬼。虽然有些销售员是因为羞怯而不敢与客户对视，但是客户却不会认为一个销售员会羞怯。因此，在与客户说话时，一定要正视对方的眼睛，让客户觉得你真诚，客户也才会相信你，认为你说话靠谱。

当然，正视客户的眼睛要有个“度”，不要直勾勾地盯着对方的眼睛不放，眼神很僵硬。这样会让客户觉得你不怀好意，不友好，有所企图。在注视的过程中，要保持思考状态，适时做出点头、微笑等表情，这样既让客户觉得你很有礼貌，又能感觉到你的真诚。

（3）在与客户交谈中，要集中注意力。这一点也很重要，如果你的注意力不集中，让对方察觉到了，对方会认为你在敷衍他，从而对你产生不信任感。所以，在与客户的沟通中，一定要兼顾到你的眼神、表情、态度及其他身体语言的“真诚”，才会赢得客户的信赖。否则，在客户的眼中，你就是一个说话不靠谱的人。

2. 请让他感受到你的诚意

真诚是人与人交流的通行证，人只有表现出真诚，别人才会愿意和他进行交流，很难相信，一个不真诚的人会获得他人的好感。作为销售员，在与客户的交流中，更是要讲究真诚，只有讲究真诚，才能让客户看到你的真心，进而愿意与你交流。

语气的真诚是不可忽略的一面，从说话的语气中流露出的真诚能够获得客户的认同和好感，在他们看来，语气真诚才代表你心口如一，才代表你真的真诚，从而愿意与你继续友好地交往下去。

在与客户交流时如何通过语气表现自己的真诚呢？如果是与客户进行面对面的交流，可以利用面部表情和眼神来辅助语气发挥作用。

首先，交流时要面带微笑，微笑可以在极短的时间内打通陌生人之间的情感通道，是人际交往的润滑剂。在销售活动中，销售员面对的多是陌生的客户，如果在交流时，销售员脸上没有亲切的微笑，而只有冷漠的表情，那么无论你的语气有多真诚，语言有多精辟，客户也会因为你僵硬的表情而与你心存隔阂，感受不到你的真诚。所以在与客户交流时，语气的真诚少不了微笑的辅助作用。

其次，要借助眼神的辅助作用。在与人交流时，要学会用眼神表达你的诚意，这也是辅助表现真诚的一种方式。作为销售人员，你与客户交流时可能会遭遇这样的窘境，你的语言是真诚的，态度也是诚恳的，但对方还是流露出不信任的神情，这是为什么呢？

原因可能是多方面的，你需注意你的语气是否也是真诚的，你的眼神是否让客户感受到了真诚。注意眼神的辅助作用，就要在交流时尽可能让客户看到你的眼睛，通过眼神让客户看到你的诚意。

如果不是与客户面对面的交流，而是通过电话与客户交流，这种情况下，没有了表情和眼神的辅助作用，语气的表现尤其重要。如何使语气的表现让对方觉得你很真诚呢？

首先，注意语气不能生硬。电话销售中，客户只能通过你的语言来了解你，了解你的产品和服务。因此这种情况下，你说话的语气关乎这次谈话的成功与否。一定要切记，语气不能生硬。

由于市场是买方市场，因此很多客户喜欢以高姿态与销售员谈话，喜欢销售员放低姿态与他们交流。这种情况下，如果销售员说话的语气生硬，势必会引起客户的不满，并进一步认为销售员不想与他们交谈下去，从而关闭交流的通道。因此，销售员在与客户进行电话交流时，语气一定要委婉，让对方能听得出真诚，听得出尊重。

其次，注意语气不要过于夸张。夸张的语气给人一种不信任感。在与客户电话交流时，特别是在与陌生客户进行电话交流时，如果语气过于夸张，对方会认为你在夸大其词，甚至是在欺骗，从而怀疑你的诚意，在这样的担心下，销售很难会有一个好的结果。所以在与客户进行电话交流时，避免语气夸张，宜以平和、谦逊的语气进行沟通交流。

最后，注意语气要流露出赞赏。你赞赏的语气会让电话那一边的客户真切地感受到。这份美意多半会让他对你产生好感，会让他觉得你很用心地了解他，让他有一种自我满足感，从而感受到你的真诚，并愿意与你合作。

总之，无论是与客户面对面地交流，还是通过电话进行交流，都要努力使自己的语气平和、谦逊，表露出真诚，再配以面部表情和眼神的配合，最终使客户感受到真诚，为销售成功打下良好的基础。

3. 对客户的质疑要不厌其烦

在销售中，有一些销售人员持这样一种态度：“你不买，没关系，还有别人买！”这种想法的存在让他们对于客户的提问感到很不耐烦。

另外，在一些销售员眼中，有些客户是挑剔的，因为在销售活动中，他们经常遭受客户各种各样的对产品和服务的质疑：

“这款洗衣机是不是有些费电？是一级能效吗？”

“你们的智能电视为什么只能安装安卓系统？”

“这款手机为什么附带那么多我用不着的软件？”

“你们的售后服务电话怎么老是打不通？是不是在敷衍用户？”

质疑和诘难铺天盖地，让销售人员疲于应付。

实际上，作为产品的准购买者和使用者，有这样的反应无可厚非，这是他们对某款产品或某项服务缺乏认知的反映，是他们追求安全的心理需求所致。正是因为他们喜欢某个产品才会对产品有诸多的挑剔，如果他们不喜欢这个产品，或者不准备购买这个产品，他们又何必费心地提出各种疑问。客户提出各种各样的质疑和挑剔，一种可能是产品或服务真的在某方面存在缺陷和不足，或担心潜伏商业欺诈。另一种可能是销售人员的介绍不清楚、不到位，因此面对这些疑问，销售人员一定要耐心解答，让客户的心“安定”下来，为销售做好铺垫。对于一个优秀的销售人员来说，应该从这类疑问和质疑中看出商机。

C市举办了一场大型的汽车展销会。一位客户参观了参展的各品牌汽车后，止步于一个展位前。该品牌汽车的推销员是一位金牌销售员，经验丰富。他给客户详细介绍了自己推销的汽车品类。听完该销售员的介绍后，这名客户指了指一辆小型车后说："你们的这款小型车，别的展位有与此类似的，也是五星级产品，可是人家的排量是1.6升，而你们的这款排量才1.4升。"

听了客户的质疑后，这位金牌销售员解释道："确实，有款与此类似的小型车排量是1.6升，我们的1.4升，虽然我们的这款排量比那款略小，但是动力也是足够的，在城市中使用是完全适合的。事实上，我们之所以将这款汽车的排量设计为1.4升，也是在能够满足用户需求的基础上，力求节省燃料，以响应现在提倡节能环保、低碳生活的生活新主张。其实，我们也是站在为用户省钱的角度才这样设计的。随着汽油价格的上涨，节省燃料就会节省更多的钱，您可以用节省下来的钱再去作别的投资。"

随着销售员的解释，客户不断地点头。销售员解释完后，这个客户又说："这款汽车的噪声也较大。"

销售员回答道："您说得没错，这款车的噪声相对有些大，但您也了解我们车的指标，也知道国家规定的噪声标准，它的噪声仍要远远低于国家标准，绝对不会影响到您的驾车感受。另外您看我们这款车的外形，是不是十分流畅，很是靓丽，十分符合您白领精英的身份？"

客户想了想，又问："你们此次有什么优惠活动？"

销售员知道客户动了购买的欲望，很是高兴，但他丝毫没有表现出来，仍然以一副专业的口吻说："是这样，这次为了回馈客户，现在购买可以赠送1年保修期。这一年多保修期，一是可以为您节省一笔钱，二是也表现了我们对这款车的信心。您放心吧，这辆车的性价比绝对高，您买了绝不会后悔！真的物有所值！"

这名客户一边点头，一边思考，最后他当场签单购买了这款小汽车。

在这个成功的销售案例中，产品——这款小汽车在一些方面，比如动力、排量、噪声等方面遭到了客户的质疑。缺陷是存在的，客户的质疑也是十分正常的，但这名销售员的介绍和说明，耐心的解答，为产品增加了附加值，最终不但使客户接受了现状，而且还让客户很满意。

从这个销售事例中，还可以发现挑剔的客户才是潜在的客户，对这类挑剔的客户一定要“精心伺候”，将其发展成实实在在的客户。实际上，挑剔的客户不仅是潜在的客户，而且还是销售人员的最好助力。为什么这么说呢？因为客户对产品提出意见，指出产品和服务的缺陷在哪里，如果这些缺陷确实存在，销售员可以通过客户的意见了解问题出在哪里，并将其改进，无疑会完善产品和服务，这也就增加了产品的市场竞争力。这自然也会为销售员的销售助力。

从改进产品和服务的需求来看，销售员要认真倾听客户的挑剔和质疑，解答疑问时要不厌其烦，并力争从这些挑剔和质疑中了解客户的需求和欲望，为后续销售助力。

4. 袒露自己，获得客户好感

日本的松下公司是著名跨国公司，在全世界设有几百家分公司，曾位列世界制造业500强第26名。可创业之初松下公司只能生产几种简单的电器产品，距离形成品牌效应还很遥远，而且价格方面也不占据优势，所以当初的销量很不好。这种情况下，创始人松下幸之助决定亲自前往各地推销产品。他把眼光定位在各地的代理商身上，希望借助他们为自己的产品打开销路。

在经过了一番考察后，松下幸之助把各家代理商召集起来，会上他开始向代理商们推荐起自己的新产品。他说道："这款新产品是我们经过了多年的研究开发出来的，凝结了我们的汗水和心血。如今这款产品已经投产试用。就目前来看，我负责任地说，它还算不上一流的产品，但是我希望各位以一流的产品价格来我们公司订购这款产品。"

与会的各家代理商都有些发蒙："什么，怎么回事？既然说了不是一流的产品，那为什么还要求我们以一流产品的价格预订啊？真有意思！"

松下幸之助看了看各个代理商，又继续说道："各位都是明白人，都知道现在的灯泡制造业中，全国只有一家公司的产品算得上是一流的，但正是由于他们制造的灯泡是一流的，所以整个市场几乎被他们垄断了，这种情况下，即使他们任意提高该产品的价格，你们也是毫无办法的。但是如果这时候市场上出现一款可以跟他们产品匹敌的产品，无论是从质量方面，还是从价格方面，都能与他们的产品相媲美，情形就可以改善了，这对大家来说也是一件好事。不然，大家就需要按照那家公司订的高价去购进，然后再销售出去，可这样一来，大家的利润也就不可避免地少了，是这样的吧？"

听到这里，各个代理商禁不住地连连点头，表示赞同。松下幸之助继续说道：“这样的情形如同一场竞技比赛：如果一个选手纵横天下无敌手，没有人有实力与之竞争，这样，观众就看不到一场势均力敌的比赛，而如果看不到势均力敌的比赛是没有多大意义的。现在的灯泡制造业就属于这种情况，一家独大，这个时候如果出现一个与这个公司势均力敌，可以与之相抗衡的同类公司，打破这种局面，必定会导致产品的价格大幅下跌，这样你们的利润就会提高上去。”

代理商们连连点头。而松下幸之助则继续说：“至于我们的灯泡为什么不是一流的产品，主要是因为我们公司刚成立不久，财力有限，无法投入更多的资金进行产品改造和升级。但是如果大家肯以一流的产品价格购买我们的产品，我们筹措到资金后，将其用于产品的改造和升级，相信不久我们就能制造出一流的产品，并有实力与那家大公司相抗衡，到时，你们这些代理商将会得到更大的利润。”

听到这里，代理商们纷纷鼓起掌来，他们为松下幸之助的这一精彩演讲所折服，也认同他的这种观点。

在这个经典的销售演讲中，松卜幸之助在自己公司的产品处于劣势的情况下，似乎为形势所逼，在演讲中坦露真言，将自己公司的秘密告诉各个代理商。此举获得了代理商的认同。同时，更巧妙地在各个代理商面前描绘出未来的美好画面，并以此为诱饵，吸引了各个代理商，最终取得了销售的完胜。

看来，有时候，商业机密也不是不可说的，只要掌握好“度”，掌握好倾吐对象，再找好恰当的时机适时透露，反其道而行之，倒有可能赢得客户的信任，获得进一步合作的机会。

5. 没有耐心，做不好销售

客户对产品的咨询很多时候都是大同小异的，无非是问产品的性能、外观、材料，使用是否方便，以及售后服务怎样等。销售员在给客户介绍产品的相关情况和解答客户的异议时，一定要真心又贴心，只有这样才能换来客户的好感和信赖。如果为了获一时之利，不真诚对待客户，欺骗客户，做“一锤子买卖”，无疑会破坏长久关系。

小戴是北京中关村海龙大厦一家电脑公司的销售员，一次他打电话给一位客户：“蒋经理，您好，我是海龙大厦G电脑公司的小戴，就是上次和您洽谈订购我们公司电脑的销售员，您记起来了吗？”

“哦，想起来了。你好，小戴，你推荐的电脑我看过了，机器外观不错，性能也很好，不过我还是再考虑考虑。”蒋经理回答道。

“应该的，作为经理，您考虑事情自然要周到细密，佩服佩服。我想问问您，您要考虑的是哪些方面？”小戴进一步问道。

“哦，好吧，我讲给你听，你们的这款电脑售价有些过高。其他公司与你们这款电脑配置差不多的电脑售价要低于你们1000多元，这是个不小的差距。”蒋经理说道。

听对方如此说，小戴没有争辩，而是又问了另外一个问题：“嗯，好的，蒋经理，我知道了。再想问问您，除了价格以外，您买电脑时，还会关注哪些问题？”

“除了价格，就是售后服务了，这一点也很重要。”

“那好，那您知道我们公司的服务吗？”

“哦，这个还真不太清楚，我最关心的是你们的技术支持工程师什么时候下班？”

“通常情况下，技术支持工程师会坚持到晚上十一点才下班。他们二十四小时开机，如果有紧急情况需要马上处理，他们可以做到随叫随到。”小戴告诉对方。

蒋经理似乎有些动心，语气上有所松动。小戴马上感觉到了这一点，他很快就问：“蒋经理，您看，我们产品的质量，还有技术支持服务，都很好，很成熟。除了价格略高外，性价比是非常高的。价格是与质量和服务成比例的，好的质量和服务必然对应好价格，这一点我不用细说您也能明白，您还在犹豫什么？”

“嗯，这种情况下，我再考虑是买兼容机呢，还是买品牌机，毕竟品牌机价格要高出很多。”蒋经理又说道。

“我非常理解蒋经理想为公司节省开支的想法，但是相对于品牌机，兼容机容易出现问题。如果正在使用的时候，出了问题，那岂不是很耽误事？即使有售后服务，也很麻烦。品牌机虽然贵些，但性能稳定，不容易出问题，因此从长远来看，我建议贵公司还是采用品牌机好。”小戴耐心地解释道。

“嗯，我也正是基于这样的考虑，才倾向于买品牌机的。谢谢你为我们公司着想。你再给我说说你们公司品牌机的其他情况。”蒋经理动了购买意图。

小戴抓住良机，开始详细地给蒋经理介绍起公司的电脑来。

在这个事例中，销售员小戴真诚又耐心地给客户介绍产品和解答客户的疑问，结果增强了客户的信心，勾起客户的购买欲望，使气氛向着友好和谐的方向发展。再看下面这个销售事例：

在一次大型家电展销会现场，负责销售热水器的小丁与前来选购热水器的褚阿姨聊得很热乎。小丁告诉褚阿姨自己负责销售的这款热水器属于国家一级节能产品，省电，用电量只有同类产品的用电量的一半，而且传热快，保温性能也不错，非常适合家庭使用。

褚阿姨听了有所动心，但又似乎有些犹豫。小丁见了继续告诉褚阿姨："我们的这款热水器的售后服务非常好，只要您一个电话，我们会随叫随到，而且免费维修，无偿服务期长达十年。既给您省下了钱，又让您放心。"

听了小丁真诚又贴心的介绍，褚阿姨最终决定就从小丁这儿订购一台这款热水器。

销售员和客户之间的关系不是对立的，而是互利的。认识到这一点，对于销售员是非常重要的。在销售中，要是能做到真诚又贴心地为客户介绍，客户也会感受到来自对方的诚意，并传递出自己的好感和信赖，销售就在这样友好和谐的气氛中完成了。

6. 为客户考虑，把客户放在心里

销售过程也是买卖双方进行判断和认同的过程。如果在这个过程里，不能实现双方的共赢，那么这种过程就会中断，交易就不能达成，只有双方的利益都得到满足，交易才可能实现。作为销售人员，如果你只是把自己的利益放在眼前，根本不关心对方的利益，那么，你得到的也多半是失败。只有站在客户的角度出发，真心为客户的利益着想，兼顾到了对方的利益，让对方的利益有所保障，这种合作才会达成。看下面这个案例：

武坤是北京一家医疗设备销售公司的推销员。一天，他前往一家民营医院拜访一位客户，与其洽谈购买医疗设备事宜。客户开门见山地说："我们医院没有使用过你们公司生产的设备，不知道你们的产品质量如何?"

武坤见问到自己公司产品的质量，马上说："关于我们公司的产品质量还有售后服务，您不必担心，可以说我们公司的产品是非常有竞争力的。有许多大公司都是我们的忠实客户，这些都是有证可查的。"

客户说道："嗯，好，这一点我们暂且不去讨论，先暂定你们公司的产品质量是一流的，可你们的产品价格比其他同类产品高，这是为什么?"

武坤马上又说："医疗设备的价格在市场上长期以来一直居高不下，这一点相信您也是知道的。与其他公司相比，我们公司产品的价格实际上已经不算高了。造成产品高价的主要原因是它的造价本身就高出其他产品。而这一点我们同样无能为力，我们最起码要保证收回成本，所以请您谅解。"

"既然这样的话，我想我还是放弃这次订购了。太高的售价我们承受不起，毕竟我们是一家民营医院。这一点也请您谅解。”客户婉言拒绝了。

很多销售人员可能都经历过这样的失败。这只是因为他们太过于关注自己的利益，却忽视对方的利益，不真心为对方着想。要知道，任何一位客户都是在自身需求得到满足后才会考虑成交的。如果销售人员不能做到这一点，想要成功销售产品将会变得非常难。上述案例中如果销售员肯为客户的利益着想，改变一种说法，情形可能变得不一样。情景变成：

客户："我们医院没有使用过你们公司生产的设备，不知道你们的产品质量如何?"

销售员这样说："我们公司产品的质量和服务请您放心，我们之所以能在众多的竞争对手之中站住脚，就是靠我们公司产品一贯的高质量和良好的售后服务。这一点与我们有过合作的许多大客户都可以证明。同时，也正是由于长期坚持采用我们公司的产品，很多合作伙伴才创造令业界瞩目的高效能业绩。"

客户："嗯，好，这一点我们暂且不去讨论，先暂定你们公司的产品质量是一流的，可你们的产品价格比其他同类产品高，这是为什么?"

销售员："我们一些产品的价格确实要略高于其他同类产品。这是因为它具有更卓越的性能，我们有理由相信，凭借贵医院的雄厚实力和良好口碑，再加上我们先进仪器的帮助，可以令工作效率大大提高，而且也有利于贵医院的品牌延伸，这样就形成了良性循环。对贵医院的益处非常大，特别是从长远来看，这种益处更大，您说是吗？"

客户："嗯，谢谢你为我们着想，我好好考虑考虑……"

显然后面销售员的话更能让客户接受，因为这些话设身处地地为客户着想，而不是仅仅只把自己的利益放在首位。这会让客户产生一种亲近感，从而拉近彼此距离，为后面合作奠定良好的基础。

只有在双方的利益都得到了满足的情况下，合作才可能长久。没有客户，就谈不上销售，因此销售人员在销售时，一定要站在客户的角度真心为客户想一想，兼顾到客户的利益，才能将销售进行下去。

那么，在销售的过程中，如何才能让客户感觉到你在为他着想，并努力与其建立起一种合作共赢、长久合作的友好关系呢？

第一，要让客户清楚了解到购买产品可以为其带来的利益。正如上面所说，销售是一个双方利益互相满足的过程。想要实现销售成功，销售员就要通过与客户沟通达成双赢。这其中，产品是实现利益的立足点，一方想卖出去产品，获得利润，一方想通过买进产品获得利益。作为销售人员，要让客户清楚了解到购买产品可以为其带来什么样的利益，这样才能吸引客户对产品的关注。

例如，当客户不知道某一产品是否可以满足让他获得更大利益的时候，销售员可以向客户表明：我们的产品可以为你创造更大的效益，如果你能购买我们的产品，就能获得巨大的利润。当然这种表明应是真诚的，不可欺骗。这是为客户利益着想的第一步。如果客户感受到了利益的存在，购买欲望就会进一步加强。这样一来，双方的合作就会向前发展。

需要注意的是，在向客户说明其可从购买中获得利益时，销售员一定要态度诚恳，显示出是真心为客户的利益着想；同时要实事求是，并富有激情，这样使语言具有说服力和感染力，以提高客户对产品的信任度。

第二，要让客户明白双方合作带来的好处。谁都希望良好的合作共赢是长久的，无论是销售员，还是客户都有这个愿望。因为对销售人员来讲，开发一个新客户要比接待一个老客户要麻烦许多，而且还不一定达成交易。而对客户来说，对产品及其销售员的足够了解与掌握也会为他们节省很多精力和时间。因此，要求销售员在与客户沟通中，要找好时机向客户表明希望与其长期合作。

第三，要从客户的立场了解客户的需求。在销售过程中，常常出现这样一种情形：当客户的需求被满足后，往往会主动做出成交决定。这就告诉销售员在向客户销售产品时，要尽可能地从客户的实际需求出发，弄清楚他们需要什么或者在哪些方面面临难题，真正关心他们的利益，然后采取适当的方法予以解决。

举个例子，在向客户介绍产品时，销售员可以这样说：“我知道贵公司对产品质量和服务的要求很高，而这却正是我们产品和服务的优势所在，和我们合作过的很多大型公司都可以证明这一点。我们的这款软件可以让您的物流系统的配比更高效，发挥更大的效益，还有能令贵公司的自动追踪系统及时跟进……相信我们的合作也会令人满意。”

这样的介绍会让客户明白，这场交易满足了自己的利益需求，而且还会带来更大的收益和广阔前景。在确认了这些后，他们大多会表现得更加积极，会以亲切的态度与销售员进行友好谈判，从而提出成交。如果客户提出了一些额外的小要求，你可以在确保自身和产品不受侵害的前提下尽量去做，尽可能地满足客户需求。毕竟双方的终极目标是合作共赢。

最后要提供真诚的服务。在商品差异化日益缩小的今天，真诚服务越来越成为销售的重要组成部分，成为客户衡量产品性价比的重要内容。因此要想获得客户的信任，就要给客户提供真诚的服务。

第三章 巧妙说话，让他认同你

销售的语言是讲究技巧的，没有技巧的销售语言是吸引不来客户的。优秀的销售员都是善用销售语言技巧的人。用语言巧妙引导客户，让客户对你和你的产品产生兴趣，那么，你就有机会让客户认同你和你的产品，自然你成功销售的机会就会大增。

1. 他喜欢什么，你就聊什么

通常，销售员在与客户正式洽谈业务之前，多半会有一些寒暄。这是一种习惯，也是彼此为了融洽气氛而作的一种尝试。作为销售员，如果与客户寒暄得好，会有利于后面的销售活动的开展。但如何才能寒暄得好呢？这就要求销售人员在与客户交谈前或者交谈中，揣摩到客户的性格、兴趣，然后在交谈中，根据当时现场的气氛和其他情况，多谈些客户感兴趣的话题，使情形向有利于销售的方向发展。

作为本市最大啤酒厂的金牌销售员，刘柳一向很自信，这些年他的业绩让同事“羡慕嫉妒恨”。可是，刘柳也有攻不下的堡垒。本市的一家大宾馆这几年就一直没有采购过刘柳公司生产的啤酒。刘柳曾几次企图拿下这座堡垒，但最终均以失败而告终。

刘柳想了好久，觉得应该改变策略，他经过多方打听，了解到该宾馆的经理是国家旅馆招待协会的会员，非常想成为本市的分会会长。了解到这些信息后，刘柳心中有了新的主意。他在再次拜访这个宾馆经理时没有像上几次那样推销啤酒，反而跟对方谈起办旅馆的事情，并不时称赞对方对旅馆业的了解，是地地道道的旅馆行家，一定会为本地区的旅馆业做出一番业绩。宾馆经理接受了刘柳的这份称赞。

在之后的几次拜访中，刘柳都不失时机地跟对方谈论起关于旅馆业的话题，终于有一天，这个宾馆经理电话告知刘柳前往宾馆洽谈采购啤酒的生意。

刘柳终于通过谈论对方感兴趣的话题，让对方接纳了自己，取得了销售的成功。

销售固然可以选择直奔主题，但效果往往不尽如人意。在正面攻取难以突破的时候，就要变通一下，试着找找与客户交流的契合点。这个“契合点”也就是客户可能感兴趣的话题或事情。如果找准了这个“契合点”，僵局可能就会被打破，从而进入柳暗花明的开阔之局。

田源是某汽车销售公司的销售员，他在公司举行的一次新车展销会上发现了一位潜在的客户。这位客户对越野型汽车似乎情有独钟，详细咨询了越野型汽车的各项性能指标，又前前后后看了许久。田源将公司的产品手册给了这个客户一份。展销会结束后的几天里，田源给这名客户打了几个电话，但对方均以没有时间见面而将约会推掉。

田源最后一次打电话想约这个客户本周末见面，电话中这个客户告诉田源自己本周末和朋友约好一起到郊外一个射击场射击。

田源没有泄气，反而觉得新的机会来了，他通过多方打听，终于得知他这个客户非常喜爱射击活动。于是，田源上网查阅了很多有关射击的资料，而且，还跑遍了周边地区著名的射击场。一周下来，田源关于射击的知识大增，俨然成了这方面的行家。他再一次给这个客户打电话。这次在通话中，田源没有提汽车销售的事，而是告诉对方，自己在周边地区发现了一家设施特别齐全，环境特别优雅的射击场。对方在电话里表示了感谢。

在下一周末，田源意料之中地在这家射击场见到了这名客户。客户见到田源后又表示了感谢，感谢他推荐了如此好的射击场。在其后的一起射击中，客户对田源丰富的射击知识感到惊讶和敬佩。射击活动结束后，两人一起驱车返回市里。这名客户告诉田源自己很喜欢造型粗犷的越野车，而田源告诉客户：“公司恰好出了这么一款符合您要求的越野车，您是不是去亲身体验一下？”这名客户当即决定明天就去。

在这里，田源就是找到了客户感兴趣的事情，从而打开了与客户交流的大门。

由于客户的类型不同，再加上每个人的性格、爱好的差别，客户感兴趣的问题也千差万别。销售员对客户的了解如果不够全面和深入，是不容易找到客户感兴趣的话题的。正因如此，销售员在与客户沟通时，一定要注意观察对方的表情、态度、反应，仔细揣摩对方的兴趣所在。

通常情况下，销售员可以通过一些线索找到客户感兴趣的话题来。比如时事新闻、热映的影视、体育运动、娱乐休闲活动等，还可以谈论客户的工作或者往事等等。总之，要努力通过蛛丝马迹发现客户感兴趣的话题。

跟客户谈论客户感兴趣的话题是一种情感投资，是一种销售技巧。它让本来充满利益化的销售活动变得有人情味起来，给客户一种温暖的感觉，并让其容易接受后面的销售活动。因此这种情感投资非常有必要，销售人员一定要重视起来。

2. 唤起客户对你的好奇心

好奇心是一种特殊的心理现象，它多产生于外界现象对大脑进行的刺激，使大脑的某些区域处于一种亢奋状态，进而使人对外界事物产生想关注的心态。在好奇心的刺激下，人容易产生一种做出某种行为的冲动，进一步发展，就会变成一种有目的的举动。

在销售中，好奇心这种特殊的心理现象也被销售人员应用到销售策略中。如果能够唤起客户对你或者你所销售的产品的好奇心，换句话说，如果能引起他们对你和你所销售产品的关注，那么就建立起了成功销售的基础。

一位销售员是这样唤起客户对自己的好奇心的。由于这位客户不愿见销售员，于是这个聪明的销售员让客户的秘书给客户递进去一个纸条，上面写着："希望您能给我20分钟。我有一些生意上的问题想向您请教。"这张字条唤起了客户的好奇心来，他想知道这个推销员究竟想向自己请教什么问题，于是他就约见了这个销售员。

唤起客户的好奇心有多种方法，这里只谈用什么样的语言来唤起客户的好奇心。究竟什么样的话语能唤起客户的好奇心，可参考下面两点：

第一，设置精彩的开场白。要引起客户对你和你所销售的产品的好奇心来，一定要精心设置你们初次见面时的开场白。试想一下，如果你的开场白引起了客户的兴趣，客户的好奇心被唤起，那你的推销就成功了一半。反之，如果客户对你的开场白毫无兴趣，你还期待他们继续听你说下去吗？即使他们耐住性子听你说下去，估计对你的推销也不会有太大的作用。相关数据表明，在与客户的沟通活动中，客户从开场白中所获得的刺激信息非常多。

开场白大略分为两种，一种是语言型的开场白，另外一种是行为展示型的开场白。在采用语言型开场白的时候，注意说话时要去掉那些可有可无的修饰语，直接讲出产品的利益点所在，用利益点勾起客户的好奇心。因为客户最关注的就是产品的利益点所在。同时，在说话时，还要注意表达方式以及面目表情，你要表现出足够的自信，声调和语速都要适度，一定不要表现出急功近利的模样。看下面这个案例：

英国苏格兰地区的一家皮鞋厂的一位销售人员，想把公司生产的皮鞋销售给伦敦一家大型连锁皮鞋店。他几次向这家皮鞋总店提出要拜访老板，都遭到了拒绝。这一次他又信心满满地来到这家皮鞋总店准备再一次拜访老板。

这位销售员之所以信心满满，是因为他事先了解到政府部门关于变更鞋业税收管理办法的消息。他认为鞋店可以利用这一新出台的管理办法节省很多费用。他来到这家皮鞋总店，大声对接待的工作人员说："请转告你们的老板，就说我有让他发财的好办法，可以大大减低订货费用，而且还会名利双收！"

很快这个消息被报告给老板，而他也立即决定见一见这个口出狂言的销售员。毕竟老板还是非常希望名利双收的。这个销售人员凭借精彩的开场白，成功激起客户的好奇心，获得了推销产品的机会。

行为展示型开场白就是用行为引起客户的好奇心，通常采取的行为包括现场演示产品的使用方法以及使用效果等。同精彩的语言型开场白一样，好的行为展示型开场白能勾起客户的好奇心。

一位销售消防用品的销售员，在见到客户时没有急于说话，而是从自己的物品袋里拿出产品，然后将其放入一个纸袋里，再用火点燃。纸袋很快燃烧干净，可里面的防火用品却完好无损。这种独特的开场白显然会唤起客户的好奇心。

第二，巧妙向客户提问。作为销售常用手段之一，向客户提问是很有讲究的。如果你直接问客户需要什么产品或者服务，很多时候客户是表述不清楚的。也有的客户自己也不知道需要什么，但是如果你能用一个比较新奇的提问方式勾起客户的好奇心，客户多半会打开话匣子，这样推销活动便有了一个良好的开端。

最常用的巧妙向客户提问的方式是销售员制造一个悬念，激起客户的好奇心，引导客户提问，然后给予客户答案。在提问和回答中，自然而然地把自己的产品介绍给客户。需要注意的是，在运用这一方法时，一定要注意提问的方式，应该就对方注意的方面进行提问，而在提问时切记要将意思表达清楚，不要意思含糊不清或者闪烁其词。否则的话，容易造成反面效果。

一位空调销售人员对一位客户说："您知道世界上最懒的东西是什么吗？"这个问题激起了客户的好奇心，他想了好一会儿也没能想到一个令自己满意的答案。于是他向这个销售人员请教。这个销售人员不紧不慢地说："就是您存在银行不用的钱啊！它们可以用来买我们的空调，伴您度过一个凉爽惬意的夏天，可如今它们却躺在银行睡大觉，您说它们不是最懒的吗？"听到这儿，这位客户不禁哑然失笑。

再看一位地毯销售人员是如何唤起客户好奇心的。

他对一位潜在的客户说："先生，您信不信，每天您只需花0.16元就可以使您的卧室铺上地毯？"这样的说法让这个客户感到有些莫名其妙，他表示了惊奇。销售人员继续说："让我给您算一笔账，假设您卧室有12平方米。我们公司销售的地毯价格为每平方米24.8元，这样您只需花297.8元就可将您的卧室铺上地毯。另外，我们的地毯寿命为5年，每年365天，这样平均每天的花费就是0.16元。"

这个销售员巧妙地向客户提问，制造出神秘气氛，成功引起对方的好奇，然后在解答客户疑问时，很巧妙地把产品介绍给客户。

好奇心是人所共有的天性，因此如果能够合理地利用好奇心，你就可以发展出更多的新客户，发现更多的需求，从而扩展自己的销售之路。

3. 学会用“魔术句子”

通常情况下，销售离不开语言，离开了语言，销售将无法进行。从这一角度讲，销售技巧就是语言方面的技巧。销售人员在给客户介绍产品和服务时，如果能巧妙应用一些语言技巧，就能唤起客户的兴趣，给客户起到很好的引导作用。那么，如何才能让语言引导技巧更有效呢？可以参考下面几点：

首先，语言一定要力求简练。一个优秀的销售员一定非常清楚在给客户作介绍时不能占用过多的时间。喋喋不休的介绍通常会让客户觉得很烦，兴趣全无，因此在与客户进行产品沟通时语言一定要简练。

这个看法不是凭空臆想出来的，是销售实践中得出来的共识。在一次代理商会议上，与会人员投票表示意见，选择导致推销员交易失败的原因，结果有四分之三的人归因为推销员的喋喋不休。从中可见销售员的这个弊病具有普遍性。那么，销售员在给客户介绍产品时如何才能做到语言简练呢？

很简单，那就是平时要多练习，把想谈的事逐项记在便条上，说话时，注意逻辑和层次，不妨多使用“第一”“第二”“首先”“其次”等表示次序的词语。

其次，要避免夸张。说话夸张是一些销售人员的通病，他们在和客户交流时常常喜欢用夸张性的词语，比如，绝对、独一无二、百分百等等，这些夸张性的词语在推销时都是很令人厌烦的。即使自己所推销的产品再好，销售人员也尽量不要使用这些夸张且无实际意义的话语，只需要以事实服人。同时语言要生动活泼、耐人寻味。

再次，要注意说话的真实性。绝大多数客户都怕销售人员说话华而不实，因此，他们对这类话十分敏感，一听此类话，就担心有被骗的事情发生。一般说来，客户都很害怕那些能言善辩的销售员，他们一看那些说话唾沫横飞、巧舌如簧的销售员就会顿生厌恶之感。所以，越是态度沉着、善于倾听、言语中肯的销售员越受客户的欢迎。

再其次，可巧妙使用有特殊效用的句子。通常情况下，销售人员如果使用“如果……那么你会……”等诸如此类的引导性的句子，就可增加语言的强大的引导力，对客户来说，会使其产生极大兴趣，起到很大引导作用的。有一位顾客想买一套西服，如果销售人员这样说：“您如果穿上这套深色西服，那么一定会更显伟岸！”相信这位顾客听了，一定会产生兴趣，也多半会试穿的。

“如果……那么你会……”此类引导话语的引导作用很大，即使对方是不爱说话或者喜欢拒绝的客户，也多数会随和应答的。因此“如果……那么你会……”此类句子被一些经验丰富的推销员称为“魔术句子”。实际上这样的句子不但应用于销售活动中，生活中也非常常见。当人们回想过去或考虑未来时，脑中常以“如果当时……那么现在会……”或“如果现在是……那么将来大概会……”等一类的言辞。

最后，要恰当使用一些敬语和尊称。敬语和尊称能使对方对你产生好感。从大的范围看，它也属于一种语言引导技巧。对销售人员本身来讲，它更是一种服务态度良好的表现。由于服务态度的良好与否，关系到销售的成与败，因此，一定要对此重视起来。

这里所说的敬语和尊称主要指尊敬对方的语言、谦虚的用语。“您”“贵公司”“请”等皆是此类词语。

需要注意的是，在一般人际往来中，很少在局长、处长、科长等职务后再加上先生的称呼，但是在销售员这里，却要改变一下，他们通常需要在职称之后加上先生的称呼。这会加深对方的好感，让对方留下深刻印象。

4. 给产品插上梦想的翅膀

在与客户沟通时，充分调动客户的想象力是非常重要的，因为这样一来，他们对产品的印象会更深，理解也会更透彻。

A市一个销售教育用品的公司一直想销售教室黑板的照明设备给全市的小学，但一直没有成功，后来该公司的一个销售人员想到一个方法。已经说不清这个销售人员是受到什么启发才想到这个方法的。反正这个方法使问题迎刃而解。

该销售人员拿了根细钢棍出现在该市一所小学的一个班级的黑板前，事先他已经成功地邀请到该市各小学的负责人齐聚于此。讲台上，他两手各持钢棍的两端，说："先生们，恕我冒昧，唐突进行这次表演，但它的确重要，所以我还是决定进行表演。先生们，这个表演很简单，你们看，我用力弯这根细钢棍，它就会弯曲。但如果我不用力，它就又直了，但如果我用力很大，超过了它所能承受的极限，它就会折断。孩子们的眼睛就像这根弯曲的钢棍，同样的道理，如果用眼超过了孩子们眼睛所能承受的最大限度，那么视力就会受到无法恢复的损坏，那将是一个巨大的损失。"

这次简单的表演过后不久，A市的大多数小学都与这个公司签订了采购教室黑板照明设备的合同。

上述这个案例中的销售人员在与客户的沟通中，都用语言充分调动起客户的想象力，让客户脑海中产生了对所描述事物的想象，从而产生认同产品的看法。

通常情况下，在进行演示的过程中，一般都要出示一些实物，然后再说一些能够调动客户想象力的专业语言，这样才能够让客户在事实的基础上，发挥自己的想象力，进而得出认可销售人员所说的结论。

人的想象力是非常惊人的。由于对于同一个事物，不同的人会得出不同的看法，因此，销售人员要能够用专业的语言为客户的想象力打开一扇门。当然这扇门并不是无限宽大的，它将会为客户的想象力指引方向，引导客户朝着自己设定的方向想象，从而达到促进销售的目的。

在轮胎产品推荐会上，一个汽车轮胎的销售员的一段话就很好地调动起客户的想象力。他是这样说的："您开着车载着朋友以每小时80千米的速度行驶在国道上，突然在你前方的路上出现几道比较大的裂纹。您来不及减速，驱车直冲了过去。车剧烈颠簸起来，车上的人握紧了扶手。一阵剧烈颠簸之后，车终于驶过了这段糟糕的路程。您靠边停下车后和您的朋友急忙下车查看，除了轮胎上原先挂着的一些泥块被颠簸掉外，轮胎没有受到任何损伤，完好无缺。您大可放心使用我公司生产的轮胎，绝对的经久耐用，您只管握紧您的方向盘，把糟糕的路况放心交给它处理。"

这个销售员的精彩讲解充分调动起与会客户的想象力，让他们的脑海中产生了一个高质量、高性能轮胎风雨无阻、驰骋无碍的画面，提高了说服力，增强了购买者的购买信心。

5. 好销售要会讲故事

会讲故事是销售人员的一项销售技巧，体现了一种销售能力。一个巧妙的好故事可以让客户心甘情愿地掏腰包。实践表明，依据客户的购买心理量身打造的好故事，可以极大地增进销售人员和客户之间的情感，拉近彼此间的心理距离，进而为后面的销售打下坚实基础。

这里所说的故事一般是指销售故事，通常包括成功销售的案例、客户购买商品之后的故事，以及销售人员根据所销售商品独特的卖点和为了引起客户注意而编织的故事。当然，企业的创业历史以及创始人的故事也是在其之列的。

一位客户来到海尔专卖店想买一台海尔冰箱，他问推销员："你们的冰箱质量有保证吗？"这个推销员没有直接回答客户的问话，而是讲起了海尔总裁张瑞敏上任时砸冰箱的故事。这个故事让这位客户立刻对海尔冰箱产生了一种信赖感。

一般来说，那些能够传递商品感性信息的故事容易引起客户的情感认同。拿可口可乐的宣传故事为例，"将药水冲淡变成饮料"浓缩了可口可乐的故事，传递了可口可乐公司独特、创新的精神。客户在知道这个故事后会产生对异域文化的向往和猎奇心理，进而会产生购买欲望，这样就成全了可口可乐公司。

再看下面两个销售人员向客户销售产品所说的话：

小丁："您看，这些是客户在使用过这种机器后给我们发来的感谢信。您看，这封来自山东一家食品厂的信件，他们说在使用了这种机器后，生产效率提高了1.5倍，还说这种机器操作起来也很安全方便，工人们都非常喜欢使用这种机器，因此厂里决定再增加订货。”

客户薛婷的皮肤敏感而且容易过敏，她购买化妆品时，特别看重它的安全性。针对薛婷的情况，销售人员以自己朋友为例进行了劝购：“我的一位关系亲密的朋友皮肤也容易过敏，也不敢轻易尝试新化妆品，不过她看见我们的一些商品上标示了‘无添加成分’，非常感兴趣，就试着用了用，结果并没有出现不良反应，并感觉很舒服。您也看一看商品的成分表，上面对成分标示得很清楚。另外，我对您这类的过敏肤质也有一定的经验，可以给您免费服务一次，您看看效果如何。”

这是以故事向客户提出更充分的购买理由，这样的理论加案例的销售方式增强了说服力。理论清楚，例证明确，让客户的心理安全需求得到了满足，也有利于客户做出客观量化的分析判断。

“钻石恒久远，一颗永留传”，这是DTC钻石广告。这句广告语背后隐含的故事寓意明显，能够给顾客以情感上的慰藉，进而刺激其购买需求。因而说故事如果能够慰藉客户的情感需求，那么掏钱购买也就成为自然而然的事情了。

有一家钻戒公司的销售员在和客户交流时，通常会讲述这样一个故事：一对相爱至深的情侣坐在秋天公园的木凳上，周围是一片丰收的景象，枫叶在身边缓缓飘落。两人含情脉脉地注视着对方。男孩拿出包装精致的首饰盒，打开，里面放着一款闪闪发亮的钻戒。男孩郑重地拿出钻戒，小心地戴在了女孩的手指上。

在给客户讲故事之前，如果有可能，最好先倾听一下客户讲他的故事，这样你就可以从关于他的故事里面了解到他的价值观、购买喜好以及兴趣所在，为你后面的销售增加有利因素。我们看下面这个实例：

手表专柜前，销售员王莎在向客户推销手表，她发现客户佩戴的是一块国产的海鸥表。由此有了下面的一段对话。

王莎："先生，您的这款海鸥手表是国产经典手表，从款式上看，应该是早些时候流行过的吧？"

客户："不错，这是我妈妈十年前送给我的。那时，这款手表是很珍贵的礼物。我对这块手表有很深的感情。"

王莎："是妈妈送的礼物，当然珍贵。那您今天想买一款什么样式的手表呢？"

客户："明天是我妈妈六十大寿的日子，我想买一块好手表作为生日礼物送给她老人家。"

这个故事中，销售员就是先倾听了客户的故事，之后成功促使客户购买了商品。

要注意的是，给客户讲的故事中一定要有与客户息息相关的信息，这样，就会在客户的头脑中建立起一种关联感，在此基础上，客户会自发地想象拥有了该项商品之后的一切，进而激发起购买欲望。

给客户讲故事要有的放矢。作为众多销售手段中的一种，这种促销方式并不是万能的，它在销售过程中只起到画龙点睛的作用，目的是调动起客户的购买热情。因此，给客户讲故事要围绕着不同目的进行，一定不要在客户对商品还不了解的情况下，盲目地开讲。

对于销售人员来讲，如何将故事成功地运用到销售过程中是一个挑战，故事要感人，要能打动客户。销售人员要善于利用最有利的细节，编辑最有冲击力的故事，在给客户讲述故事中，要让客户尽快进入到销售的情节中，以求达到尽快销售的目的。

6. 适当言语刺激，促成购买决定

一些客户在购买产品前，虽然有较强的购买心理，但是出于某种或某些原因，致使他们有一些担忧，因此在买还是不买上犹豫不决，始终下不了决心。销售人员面对这种情况时，要怎样说才能打消他们的顾虑，使他们下决心购买？

很多实践表明，这种情况下，销售人员可以利用这些犹豫的客户的好胜心、自尊心、逆反心理，说一些“刺激”他们的话，采用激将法促使他们做出购买的决定。

激将法本指用刺激性的话使将领出战的一种方法，后泛指用刺激性的话或反话鼓动人去做某事的一种手段。它是利用别人的自尊心和逆反心理，以“刺激”的方式激起对方不服输的情绪，从而得到不同寻常的说服效果。

激将法的适用对象通常是那些有一定社会地位、身份和经济实力的客户。一般来说，年纪轻的要比年纪大的人易“激”，注重衣着打扮、好争强好胜的、攀比心理强的人易“激”。

“这个产品肯定不错，可是，我担心的是您的购买力不允许您……”

“看您的穿着打扮，不太像买这种产品的人呢。”

“您还是不要再为难了，毕竟这样的产品不是每个人都有实力购买的。”

“不是我不给您优惠，因为我感觉即使我再优惠，您也会嫌贵的。”

上面这些话语是销售人员常用的激将语言。这反映出“劝将不如激将”是有一定道理的。看一个恰到好处“刺激”客户而使销售获得成功的事例。

在广州的友谊商场，一对看似很有钱的港商夫妇在首饰专柜前挑选首饰，两人都相中了一枚翡翠戒指，可是高达60万的昂贵售价让他们犹豫不决。此时，专柜的销售小姐看出了两人的“窘况”，说道：“您二位真有眼光，是识货的人，要知道这可是我们专柜售价最高的首饰，也是价值最高的首饰。东南亚A国总统的夫人看中了这枚戒指，但也是由于性格的原因最终放弃了，我们经理说好东西就是要好价钱，真正懂它的人不会嫌它贵的。”

这对港商夫妇听完销售小姐的这段话，立即刷卡买下了这枚昂贵的戒指。

事例中的销售员采用了“劝将不如激将”的销售策略，成功地利用了客户的自尊心和好胜心理促成了不易达成的交易。

“刺激”客户的话不可滥用，它的采用一定要注意技巧性和用语，否则不但达不成预期的效果，甚至会适得其反。一般来说，使用时要注意下面两点：

（1）掌控好时机。说“刺激”客户的话的最佳时机是在对方犹豫不决、情绪波动较大的时候。这种时候，这类话最容易取得成效。

（2）注意不要搞人身攻击。这一点一定要注意。“刺激”的目的是勾起客户的购买欲望，并将购买欲望变成购买行为。如果搞成了人身攻击，真正地激怒了对方，效果会适得其反，购买则成了一个奢望。

因此，“刺激”客户的话虽然有时候很有效，但一定要恰到好处地利用，一定不要弄巧成拙。

第四章
把话说到位，客户才放心

客户都有怕上当受骗的心理，这是非常正常的现象。对销售员来说，客户有这种心理既是销售的一种障碍，同时也是一种契机。销售员到底说一些什么样的话，能将这柄双刃剑利用好，将不利化为有利，让客户的担心变为放心，对销售员来说是一项挑战。

1. 客户不爽快，是因为怕上当

无论什么样的社会都会有不诚信的人，都会有骗子。由于一部分骗子效仿销售员的推销方式欺骗客户，使客户深受其害，一朝被蛇咬，十年怕井绳。客户再看到销售员时就很容易想起自己被骗的痛苦经历，他们潜意识里认为销售员都有可能欺骗自己，所以很多时候他们排斥销售员以及销售活动。当然，销售中也的确有一些素质较差的销售员存在欺骗客户的现象。

柯先生去一家手机专卖店准备买一款手机，他看上了一款黑颜色的新型手机，想要销售员把真机拿来看一下。这名销售员告诉柯先生真机不在店里，在库房，需要先把钱交了，然后才能去库房提货。柯先生没有多想就把钱交了，然后等店里的人取货。

在等待的时间里，这名销售员又拿来一款新手机，跟柯先生说："您看这款手机怎么样？也是新上市的，性价比比您刚才选的那款要高出许多，参数很高，而售价只比刚才那款多出200元。刚才那款下载软件要花钱，重装系统也要花钱，很费钱的，而这款这些活动都是免费的。还有，这款店里就有货，不用等，要不你买这款吧？！"

柯先生看了看销售员拿的手机，还算满意，就又拿出200元钱递给了销售员，然后就离开了。

回家后，柯先生感觉有些不对劲，就上网查了这款手机的参数，发现与销售员所称的参数不符，而且售价也远低于店里的价格。柯先生觉得上当了，于是就又去店里找那个销售员退货。结果那个销售员根本不承认自己说过这款机器参数有那么高，说是柯先生自己听错了，责任不在他，所以不给退。柯先生没有证据，哑巴吃黄连有苦说不出，只好自认倒霉。他将自己受骗的事告诉周围的亲友，让他们不要再去这个店里消费，防止受骗。

销售中，如果不能从根本上消除客户这种怕上当受骗的心理，就会给后续的销售带来重大阻碍。

一家影楼的孟小姐说："许多客户来了走，走了又来，他们经常会说这样的话：'你给我降多少钱我就在你这拍！'话里话外透露出极大的不信任。我们这个行业是怎么了?如果客户去的是一家饭店，相信他应该不会说'你给我降多少钱我就在你这里吃，否则我就去另一家了'，为什么会有这么大的差别？在我们这行，讨价还价是非常正常的事情……"

从中，不难看出，客户之所以讨价还价还是因为怕被骗，因为影楼给客户的印象是暴利行业，即使影楼给出的是比较靠谱的价格，客户也会认为其中还有很大的水分。

导致这种现象的原因还在于有些促销做得有些过头，比如原价5000元的产品，两天后就优惠到了1000元，又找个别的理由再打个折扣。这样客户就会想：一定是产品本来就只值几百块，要不然怎么会便宜那么多？赔钱肯定不会卖的。看来他们平时赚了客户不少钱，我一定不要成为下一个被骗的人。客户一旦产生了这种心理，就会产生你的价格越低，他反而越怀疑的现象。

由于客户都有怕上当受骗的心理，所以他们在得到应得的优惠之后，还常常带着一些附加条件，以降低自己被骗的可能性，同时也用此来证明自己的聪明。一般情况下，这类客户不会冲动消费，面对销售员的销售活动，他们显得很谨慎，浑身上下都充满警惕，就怕自己上当受骗。

在应对这类警觉过度的客户时，销售员要注意不要急于求成，因为这个时候，你说得越多，他们越怀疑越担心，曾经被骗的经历会让他们对眼前的你产生不信任的感觉。此时，要做的是准确摸清客户担心的原因所在，然后努力消除它，只有帮助客户克服了这种心理障碍，才会建立起信任感，客户才会和你合作。

凡事都有两面性，客户的怕被骗的心理一方面固然给销售活动带来障碍，但同时也预示着销售机会。这就要看你能不能将客户的这种心理转化为购买的欲望。因为这类客户通常是想买产品，但是他们总希望你能把价格降了再降，这是一种担心上当受骗的心理反应。在这种心理支配下，他们会找同类商品如何优惠的说辞来与你讨价还价。

这种情况下，你要告诉客户，任何一种商品都不可能在各方面占优势，完美的产品是不存在的。你要重点告诉客户他买你的产品能获得什么好处，以此来满足客户的需求和减轻他担心买贵的顾虑。如果有什么优惠政策，也要提前通知客户，设法把利益的重点放到客户身上，这样客户会觉得自己是受益者，而不是被骗了。

2. 当你更专业，客户就更放心

商品购买中有这样一类怪现象，很多消费者围在某个专柜前，你挤我，我挤你，争先恐后购买同一种产品，其架势好像害怕自己买不到、抢不到似的。实际上，他们购买的商品未必就是他们真正需要的，价格也未必是便宜的，但他们为什么还要这样争先恐后地去买呢？其原因就是别人都在买这种商品，这让他们有了安全感。这种现象一定程度上反映了客户购买商品时有追求安全的心理需求。

马斯洛是美国人本主义心理学家，他认为安全感是人类要求保障自身安全的需要，也是除了生理需要外第二急需满足的要求。在销售过程中，有一些销售人员在和客户沟通时，总围着客户的需求绕圈子，觉得自己很被动。实际上，客户常常觉得自己很不安全，潜意识里拒绝销售人员的“进攻”，因此从这个角度看，客户才是被动的。

购买商品时如果有了安全感，就会促进客户下决心购买商品，可见满足客户购买产品时的安全感有多重要。那么销售员需要在哪些方面满足客户的这种对于安全感的心理需求呢？

首先，要给予客户安全感。为了能给予客户心理上的安全感，就要保证给客户提供专业的服务，包括给客户提供可靠的产品使用和安全保养的说明等。

其次，要给予客户经济上的安全感。在这方面，销售员要给客户进行必要的产品成本介绍，让客户有花钱买你的产品不吃亏的感觉。

最后，要给予客户人身安全感。有些产品有一定的风险性，作为负责任的销售员在向客户介绍产品时，一定要跟客户说明这些风险，切实保证客户的人身安全。有些销售人员在涉及这个问题时，遮遮掩掩，躲躲闪闪，避实就虚。这样做是最愚蠢的，也是没有必要的。

在销售人员的眼中，客户类型可大致分为三类：一类是知道自己要买什么的客户。这类客户在面对销售人员时可以较为准确地提出自己的购买标准和要求。第二类客户也知道自己要买什么，但是不知道该买哪种类型。这类客户的一个主要特征是看商品的时间比较长，而较少与销售人员沟通。第三种客户是那种只看不买的客户。从满足客户追求安全的心理需求方面，针对这三类客户，销售人员要有区别对待。

对于第一类购买目的明确清晰的客户，销售人员要给予细心的产品介绍，其中既包括对相关产品的使用及性能介绍，也包括及时解答客户提出的各种问题。这是满足这类客户追求安全心理的最佳做法。

对于第二类知道自己要买什么但不知道要买哪种类型的客户，满足他们追求安全的心理需求的方法是直接告诉他们有很多人都买了某款产品。这类客户一般都有从众心理，如果告诉他们很多人都买了这款产品，他们也会认为该款产品安全可靠性高，会慎重考虑购买此款产品。

第三类客户由于他们只看不买，因此对商品的安全性能的担忧暂时不会像第一类和第二类客户那样强烈。对于他们，销售人员可以用真诚的态度对待之，他们想看商品，就随他们看；想试用，就试用给他们看。实际上，这类客户属于潜在的客户，虽然他们暂时只看不买，但如果你能很好地满足了他们安全的心理需求，那么这些潜在的客户就有可能变为现实的客户。

在满足客户追求安全心理的需求中，有些方式和行为是会起到增强和促进作用的，例如：

（1）产品摆放的位置和摆放的方式如果科学合理，不但会吸引客户的注意，而且还会起到增强客户对该商品信心的作用。因此，要尽量将商品摆放科学合理，以吸引客户注意力。

（2）推销人员要显示出从容并且专业的样子。这是因为销售人员本身的素质与所销售的产品之间有一种微妙关系，从容而专业的销售人员会加强客户对该商品的信心。

（3）在客户观看商品时，销售人员不要表现得过于热心，更不要急于推销，一副急功近利的样子会让客户起戒备心的。等客户主动询问了，再热情而专业地予以解答。

总之，满足了客户追求安全的心理需求，填补了客户的“安全感”，就会大大促进销售活动向前发展。

3. 用承诺消灭客户的疑虑

客户都有怕上当受骗的心理，这是非常正常的。客户对销售人员提供的产品或者服务表现出疑虑是其害怕上当受骗心理的一部分，特别是当客户遇到产品的单价过高、数额较大、风险较大，而自己又对产品不太了解的时候，这种疑虑就越发严重。

在这种情况下，如果销售人员能够及时给客户提供一份可靠的承诺，那么客户的这种疑虑就会大大消减。即使客户最初不完全相信对方的承诺，但如果销售人员的承诺靠谱，还是会使客户的疑虑大大消减的。

销售人员的靠谱承诺会极大地增强客户购买的意愿，进一步的良好发展就会促成他们的购买行为。

A市一家公司使用的软件系统经常出毛病，公司的负责人薛小姐非常着急，因为这样会大大影响公司人员的工作效率。最后她决定重新购买一个新软件系统，以替换公司正在使用的这个总出问题的软件系统。

同在A市的夏杰是一家大型软件公司的销售员，他在获知这个消息后，前往这家公司拜访薛小姐洽谈业务。在听了夏杰一番详细的介绍后，薛小姐感觉夏杰所推销的这款软件系统比较不错，但由于公司目前使用的软件系统质量不高，前车之鉴让她是有些担心，怕再一次买到质量不高的软件系统。所以，她还想再看看有没有质量和性能更高，价格也更便宜的软件系统。

夏杰通过薛小姐脸上的表情看出了薛小姐的疑虑，所以他郑重承诺："薛小姐，如果你们订购了我们公司的软件系统，我亲自送货、安装、调用，一切免费。而且如果软件在运行过程中，出现任何质量方面的问题，我们公司不但退还采购软件的钱，还包赔您因此而带来的一切损失。这是我的承诺，也是我们公司的郑重承诺。”

薛小姐看夏杰说得信誓旦旦，心中的疑虑不由得消除了不少。她想了想，说道：“好，看你信心这么足，那就试试吧！”

就这样，薛小姐从夏杰公司订购了新的软件系统。

在这个案例中，薛小姐鉴于公司正在使用的软件系统总出问题，而想更换新软件系统。由于涉及面较大，再加上对软件系统的信心不足，所以她在夏杰介绍完新产品情况之后显得犹豫不决。这时如果夏杰没有做出郑重承诺，打消她的疑虑，可能这笔生意就被搁置了。

向客户承诺使用某产品可以帮助其实现某些利益，这可以增强客户购买该产品的信心，直接影响到客户的购买行为。但是在承诺时，也要注意一些事项，否则胡乱承诺，不但会给客户带来使用上的诸多不便和隐患，也给自己带来麻烦。

向客户承诺需要注意些什么呢？首先一定要依据自身能力做出承诺。承诺是建立在有能力做到的基础上的，或者说事实是承诺的依据。承诺如果不建立在事实的基础上，有所欺瞒，就成了无源之水、无本之木，不但不会换来一份订单，反而还会引起客户的不信任。比如有的销售员对客户说：“您买吧，如果在一个月内出现任何质量问题，我赔您百倍的价值。”这样的承诺，多数客户是不相信的。因为这个承诺不是建立在事实基础上的。

即使有能力实现，也尽可能不要做出过度的承诺。因为做出过度的承诺会给自己或者公司带来繁重的义务，对今后销售工作的开展人为地设置障碍。因此销售员在向客户承诺时，一定要三思而后行，“量体裁衣”方为合适。

其次在准备向客户做出承诺前，要看准客户的成交心理障碍，针对客户的成交心理障碍，做出合适的承诺。只有具有针对性的承诺，才会消除客户的疑虑，增强客户购买的信心。如果盲目地做出承诺，没有针对性，那么很容易做出不利于自身的保证和承诺，正所谓作茧自缚。

在一个家用电器商场中，一个顾客向销售员咨询一款冰箱的情况，急于销售的销售员先将产品的性能情况介绍完，又将该产品的优惠条件说了一遍。这个客户慢条斯理地将这个销售员刚才叙述的优惠条件又重复了一遍。这个销售员见眼前的客户有些犹豫，不由得更急了，他便进一步将产品的服务保修期延长到10年。客户的神色有些变化，不过没说什么，而是不动声色地接受了这一售后服务。

事后证明这个事例中的销售员就没有看准客户的成交心理障碍，而是想当然，自作聪明、自作主张地做出承诺，结果给自己和公司带来麻烦。

一般来说，客户的疑虑主要集中在质量、售后服务、交付能力等为数不多的几方面，因此事先清楚了解这些内容会为你做出准确承诺打好基础。

4. 列出数据，让客户信服你

数据可以带给人一种客观真实的感觉，使人容易接受，给人增加信心。

美国口才大师卡耐基曾每个月租用纽约一家大旅馆的大礼堂20个晚上，用于他讲授社交训练课程。

有一天，他忽然接到了这家大旅馆经理的来信，信中要求他付比原来多出几倍的租金。卡耐基既吃惊又无奈，因为在这之前，他已经将印好的入场券都发出去了，而且其他开课的事项也都已经办妥，现在取消开课，实在不适宜。他想了想，便前去找旅馆的经理交涉。

卡耐基一见到经理，开门见山地说："您好，经理，说实话，在收到您的来信后，我很震惊，但理解您的行为。作为旅馆的管理人，您有责任尽可能多地让旅馆盈利，这无可厚非，非常正常。如果我是您，也会这样做的，这毫无疑问，但您仔细算过没有，您的这种做法确实能够给旅馆带来更多的盈利吗？我们不妨算一算。"

旅馆经理脸上露出了郑重的神情。

卡耐基没有过多理会，继续说："先讲好的前景，如果大礼堂不出租给我讲课用，而出租给开办舞会、晚会、生日宴会什么的，确实能收入不菲。一次收租金200美元，20个晚上就可以收到4000美元。4000美元，确实很诱人。但是您能保证每个晚上都能租出去吗？更为重要的是，举办这类聚会势必会损坏礼堂的设施，这就得不偿失了。"

卡耐基滔滔不绝："现在再说说不利的前景，您看，如果您增加了我的租金，我不是有钱人，所以我势必会搬离这里，而去找便宜的地方举办训练班。因此，您的这种行为实际上是将我赶离了这里。更为重要的一点，听我课的人中有很多是受过教育的中上层管理人员。由于我在这里开课的关系，他们才会来这里，这样岂不是为您免费作了广告？事实上，即使您花上5000美元，也不见得能让这么多受过教育的人来到这里参观。所以，从长远来看，您的受益将是非常丰厚的，不是目前那区区几千美元所能比拟的。我的话讲完了，剩下的事您自己考虑吧！”

卡耐基说完，潇洒地离开了，剩下沉思中的旅馆经理。很快，卡耐基收到了旅馆经理的通知，通知说不增加卡耐基的礼堂租金了。

卡耐基不愧为口才大师，他在谈话中将增加租金和保持租金不变的利弊巧妙地用数字表现出来，使旅馆经理明白其中的利益得失，最终获得了成功。

作为销售人员，在销售的过程中，如果有确凿的数据可以引用，就要适时加以引用，让翔实的数据为你的销售活动助力。

文小婷是一家打印机厂家的销售人员。一次，她电话回访公司打印机用户。

文小婷：“您好，是穆先生吗？”

穆先生：“哦，是的，请问，您是哪位？”

文小婷：“您好，穆先生，我是某某打印机公司的销售员文小婷。请问，贵公司去年下半年是否购买过我们一款X型打印机？”

穆先生：“想想，哦，想起来了，确实买过你们公司的X型打印机，而且现在使用的正是这款，有什么问题吗？”

文小婷：“这样啊，很好。穆先生，这次我打电话还想告诉您，这种X型打印机我们公司已经不再生产了，配件也不再系统加工了，而且还很贵，因此我想提醒您使用时尽量按照操作规程来。要是坏了，维修起来很麻烦。”

穆先生：“不指望它能用它多少年，不过，最近业务量增加，真要是坏了，还真是很麻烦的事。”

文小婷：“您也不必过于担心，即使过了保修期，如果您有要求，我们还是会派技术人员上门维修的。我们会收取一定的维修费用，不过，还是比购买一台新机器要便宜的。当然，还是不出现问题的好。”

穆先生：“嗯，那是，对了，现在再买一台新产品要花多少钱？”

文小婷：“这要看您选择什么型号的，您现在使用的打印机的型号是3800，我们这次升级产品的型号是5800。这两个型号每个月限额打印的纸张数是不一样的，3800型号月限额打印A4纸的数量为一万张，而升级产品5800型号月限额打印A4纸的数量为一万五千张，如果超过了这个限额会严重影响机器寿命的。”

穆先生：“这样吧，你给我留一个电话号码，年底我考虑考虑是不是换一台升级产品。”

文小婷：“好的，穆先生，没问题，您是我们公司的老客户。现在对老客户的再购买行为我们有一些优惠活动，不知道您什么时候可以确定购买？如果您确定年底购买，我尽量给您将优惠条件保留到年底。”

穆先生：“现在都有哪些优惠条件？”

文小婷：“如果是3800型号的使用者，购买升级版的5800，可以按照八折购买，或者赠送一些外部连接设备，主要看您的具体需要，这个可以灵活处理。您考虑一下，然后联系我。”

穆先生：“哦，我想想，我可以再增加一台打印机以应付越来越多的打印业务。这样吧，不用再等了，我现在就决定购买一台你们公司升级版的5800打印机。你们可以送货上门吧？”

文小婷：“没问题，穆先生，我们会派人送货上门，并负责安装和试用的。您放心吧！您现在方便吧？方便的话，我过去把订购合同签一下……”

就这样，文小婷通过一个电话回访，成功地销售出一套全新打印机。在这段电话回访中，文小婷将数据巧妙地应用到产品的介绍中去，让翔实的数据帮助自己“说服”客户，增加了客户的信赖感，最终将客户的这种信赖转化为实实在在的购买行为。

5. 学会让“第三者”帮你说话

很多时候，销售人员自己说十句肯定自己产品的话也比不上“第三者”，特别是购买过你的这种产品的“第三者”为你说的一句肯定的话。一些没有购买过和使用过你的产品的新客户更愿意从老客户那里得到一些信息。所以一些精明的销售人员都想尽办法让“第三者”帮自己说话，既省时又省力。

说到底，客户对他人的信任要超过对销售员的信任，这是一种追求安全的心理需求。如果你能很巧妙地让“第三者”帮你说话，那么客户一定会产生一种安全感，同时也会增强对你的信任，相信你给他做的产品介绍，也因此认为购买你的产品要放心得多。

乔·吉拉德是美国著名的销售大师，他曾在自传中写道：“每一个用户的背后都有250个潜在客户，销售人员若得罪一个客户，也就意味着得罪了250个潜在客户；相反，如果销售人员能够充分发挥自己的才智利用一个客户，他也就得到了250个关系。”这是乔·吉拉德著名的“250定律”，这说明销售人员保持和客户的良好关系的重大意义，同时也侧面说明了客户这个“第三者”在帮助销售人员拓展市场中的重大作用。看两个借助“第三者”说话成功销售的例子：

一位销售圆珠笔的销售人员对一位客户说：“我的一位朋友每半年总要买上七八支这样的圆珠笔。他在每一个可能需要它的地方放上一两支，以便在需要使用的时候能随时拿来用，这样很方便，不至于在需要时到处去找却找不到。另外，这些笔平均用半年都还能用，不用换新的，从这个角度看，比最初只买一两支还省钱。”

这位客户听了，感觉很有道理，而且还认为已经有人这样做了，应该是没有问题的，所以他也一次购买了许多圆珠笔。

就这样销售员借助“朋友的话”促成了这笔交易。

“王经理，您看这款产品，这是我们公司最新推出的拳头产品。您看这里，这里所使用的材料是具有特高硬度的合金，其所能承受的压力远超其他同类产品。口说无凭，这里有一份超硬合金分析表可以证明。上周省城一家精密仪器公司从我公司购入了一批同类产品，使用后反映非常好，这是他们邮寄来的感谢信，您可以看一下。还有，昨天省电台也对我们这款产品进行了详细报道，您也可以看一下新闻回放，看看他们的记载情况。”

经过这样一说，客户王经理对这款产品的信心一下子提高了不少，也相信了销售人员对产品的其他介绍，所以考虑过后他决定购进一批同类产品。

要注意的是，“第三者”可以是人、企业，也可以是“物”，比如上述第二个例子中的超硬合金分析表和省电视台就都属于这个范畴中的“第三者”。

在利用“第三者”帮你说话时，要灵活，不要拘泥于形式。比如你是一名销售化妆品的销售员，该化妆品已经在电视或者其他媒体上做过展示和推销，那么你在推销时，一定要借助这个“第三者”（电视或者其他媒体）来帮你“说话”。比如，你可以对客户说：“这就是电视里众多客户精心推荐的那款补水新产品，您一看就会认出来的。”还可以这样说：“很多人都是看了电视上的广告后才去购买的，用后反响都不错。我已经接受几十瓶的预订了。”

很多买家热衷于找一些电影、电视或者体育明星为自己的产品代言，这也是借助“第三者”帮助自己“说话”，推进销售。因为明星会产生“名人效应”，会获得更多人的信赖。常常听见这样的话：“你看某某都在用，人家可是大明星，很挑剔的，她推荐肯定错不了！我们也试试，看看效果如何。”就这样，信赖感产生了，购买也就随之而来了。

如果幸运的话，你的客户周围可能有一个值得他信赖的人，而这个人又曾经说过你产品的好话，对你的产品进行过赞美。那你在向这个客户推销产品的时候，一定要找机会将其加以利用。让这个人对你产品的赞美为你“说话”，相信定会收到很好的效果。

要注意的是，要想让“第三者”帮你和你的产品说好话，最重要的是你的产品和服务能让他满意。如果他不肯为你或者你的产品和服务说好话，说明你的服务还不到位，他还不够满意。因此，你要努力让你的产品和服务超越客户的期望。

第五章 说得高兴了，路子就顺了

客户是有虚荣心的，是好面子的。满足了客户的虚荣心，说一些维护客户面子的话，客户自然就高兴了，就有了当上帝的感觉了。投桃报李，客户自然也会觉得该有一些回报，这样就成全了你。因此，销售员要学会说赞美客户的话，无论这些话是言不由衷，还是发自肺腑，总之都是要说出口的。

1. 不会夸赞别人，别说你懂销售

夸赞是对一种虚荣心理上的满足，是对心理需求的慰藉。对于销售人员来说，可以采用取悦的方法暗示，也可以更直接地用明确的语言或行为来夸赞。一般来说，当客户的虚荣心理得到满足后，他们会高兴，会亢奋，这样他们就很容易用行动来回报你的夸赞，并会潜意识里对你产生亲切感。这种情况下，他们很容易成为你的长久客户。

一位老人来到一个大型家具城，他转来转去，最后将目光定位在家具城的一角，那里摆设着一套棕色的真皮沙发。

销售员："您好，老先生，您真有眼光，您现在看的这款沙发是今年最新款的，除了棕色，还有其他两种颜色，您要不要看一下？"老人没有回答，而是围着沙发继续看。

销售员："这套沙发是真皮的，它的款式适合于任何装饰风格。"

老人终于开口了："我不过是看一下。"

销售员转移了话题："您经常进行户外活动吧？看您的皮肤晒得很亮，是最好的健康颜色。"

老人马上回答："也不是，只是偶尔散步，有些运动我们这个年纪不太适合。"

销售员："哦，可是您看起来非常硬朗，身体一定很好。我叔叔年龄和您差不多，可他现在身体远远不如您。"

老人："哦……"

销售员："我叔叔是名退伍军人，看您挺直的腰板，您也参过军吧？"

老人又立刻有了反应："是的，经历过艰苦的日子。"说到艰苦的日子时，老人神情有些激动，眼睛闪动着兴奋的光芒。

销售员："我虽然没有经历过艰苦的日子，但能够想象到那是怎样一种情形，多亏像您这样的老一辈人，我们才有现在的好生活。"

老人："这话对，在那些艰苦的日子里，生活真不容易。我经常立功。"

销售员："是吗，那您可真是了不起了，是英雄啊！"

老人："那是我最光荣的时候，也是我最高兴的时候……"

销售员："正是由于您那一辈人的无私付出，我们这一辈人才能够安居乐业，也使您的家人能住上好的房子。"

老人："这是历史的事实，谁也改变不了。哦，对了，说起我的房子，我正缺少一套像你们卖的这种沙发呢，品质没问题吧？"

最终沙发被老人高高兴兴地买走了。

每个客户有不同的心理需求，有不同的渴望被夸赞的地方，如果你在面对他们的时候能够找准他们渴望被夸赞的地方，一个普通的客户也可能给你带来可观的业绩。

一个毛料衬衫销售柜台前，销售员小王观察到一位衣着讲究的老者在挑选衬衣时，对那些质地好但款式相对较旧的老字号厂家生产的产品特别感兴趣。

小王内心有了想法，快步来到这位老者身边，对他说："现在像您这么注重品质，又识货的人真是很少了。很多人，特别是年轻人只知道追求新潮，盲目追赶流行，不辨真伪，不管质地，掏钱就买。哪像您有眼光，既注重实用性，又注重品质，您可比他们强太多了！"

老者听了立刻满脸笑容，连连说："是这样，是这样，买东西我注重品质，要物美价廉。"说完，高高兴兴地挑选了一件老字号衬衫离开了。

一定不要胡乱夸赞，在夸赞时要恰到好处，一般要注意以下几点：

（1）找准值得夸赞的地方。要摸清客户的具体情况，如果对方根本没做过什么值得夸赞的事你却大肆夸赞，或者夸赞的是不值得夸赞的事，就很容易招致客户的反感，客户会认为你在讽刺他。

在一位客户的新婚宴会上，客户的新娘长得很普通，跟好看一点不沾边，而且腿部还有残疾。一位销售员为了讨好客户，走到新娘的面前夸道："新娘子真是漂亮，没有一点儿缺点，真是完美至极。"

这名销售员自以为讨好了客户，实际上却已经得罪了新娘和这名客户。他的错误就在于夸赞过于虚假，或者说没有找对夸赞的地方。新娘明明长得与漂亮一点儿都不沾边，而且腿部又有残疾，如何称得上漂亮和完美？销售员不顾事实胡乱夸赞，非但没有收到良好效果，反而引起新娘和客户的误解，以为他是在有意讽刺。

（2）找准时机。相当一部分客户接触初期可能对你不冷不热，这个时候你要受得了委屈，适当地放低姿态和客户找话题，并从中找出客户的优势进行夸赞。

（3）要注意和客户保持互动。在交谈中，注意不要只让客户一个人说，也不要光顾自己说而冷落客户，要保持互动，在互动中夸赞对方。

（4）努力在从和客户的沟通中发现可以夸赞的地方，然后自然得体地夸赞客户。这样不仅显得自然，而且可以推进谈话朝着更加愉快的境地发展，为下一步的正式推销打下基础。

（5）在与客户沟通的过程中，找机会用得体的语言和谦逊的态度向客户请教一些问题，然后借着评价客户指教自己的机会对客户进行适当的恭维。

（6）在销售过程中，如果客户对你或者对产品有异议，不要与对方争辩，而要表示出适度反省自己的样子，然后夸赞客户提出的意见合理，并且表示在此方面一定加以改正或者完善，使客户情绪稳定，然后再进入委婉的劝说阶段。

（7）要保持底线，需要坚持的一定要坚持，但是要在肯定客户合理部分的基础上和客户友好协商，客户通常不会无理拒绝满面微笑的人。

夸赞虽然是一种奉承，但一定要表现出真诚。当你真诚地夸赞你的客户时，他们大多都会热心接待你。如果他们满意你的夸赞，也多半会给你一个满意的回报。因此，在面对客户的时候，不妨拿起夸赞的武器。

2. 多向你的客户请教问题

在某种程度上，请教也是一种赞美。因为请教通常是向比自己高明的人寻求解决之道，这相当于变相赞美对方的能力、知识高人一筹，而被请教的人也通常会很高兴。

“我应该怎么办?”“您认为如何?”“我无法知晓其中的奥妙，您能告诉我这是怎么一回事吗？”这种求助或者征求意见的口吻，让对方很受用，自然会赢得对方的欢心。

就销售人员来说，向客户请教可以就多方面内容请教，比如请教对方的创业史、创业法宝，企业独特的文化，个人优秀的才能以及管理方面独特的经验等。

恰当的请教有利于改善和客户的关系，获得客户的好感，自然有利于销售的开展。看下面这个案例：

亨利是美国西雅图一名二手汽车销售员。一次，他带着一位有购买需求的客户看他销售的二手车。可是这位客户很挑剔，不是说这辆车型不好，就说那辆车有伤痕，再就说这辆车价格太高。这种情况下，亨利停止向他推荐，而是让他自己去选购满意的汽车。几天之后，另一位客户开来一辆旧车让亨利帮忙销售。看过车之后，亨利想起了那个难缠的客户，他知道这辆二手车可能会让那位难缠的客户动心。于是他约来了那位客户。

一见面，亨利就对那位难缠的客户说：“在鉴定汽车价值方面，您是一位毋庸置疑的专家，很少有人能做到像您一样对汽车价值评估的精准。现在有一辆车请您帮忙看看，试试它的性能，然后告诉我这辆车别人应该出价多少才合算？”

难缠的客户脸上浮起笑容，他欣然应允了亨利的请求。他将要销售的那辆车开了一圈回来，对亨利说："如果别人能以300美元买下这辆车，那应该是十分合适的。"

"哦，多谢，那这样，如果我以这个价格把它卖给您，您看如何？"亨利问道。

"嗯，可以，完全没问题，这辆车，这样的价格，我很愿意接受。"难缠的客户这样说道。

就这样，亨利利用请教的技巧，讨得了客户的欢心，成功地把一辆二手车卖了出去。

再看下面这个例子：

加利福尼亚州一家最有实力的医院为了满足日益增多的患者，准备购进一批X光机。院方把这项采购任务交给了医院照射科的一位主任。于是照射科主任整天被X光机的销售人员包围。这些销售人员一味夸奖他们销售的机器设备如何如何的好。其中有一个销售人员见竞争激烈，想出了一个更好的办法。

一天，他设法见到这名科主任，对科主任说："您好，谢谢您在百忙中听我说话。我们公司生产出一套新的X光机，我不说它是十全十美的，它肯定有不足之处，因此我们想更好地改进它。可我们不知如何着手，想请您抽空看看它如何改进，才能更有利于您的这一行业要求。我们非常想听到您的指教。"

这位主任听后，脸上露出高兴的神情，说："谢谢您这么说，这让我感觉我很重要。到目前为止，还没有任何一个X光厂商向我请教设计方面的问题，而您是第一位。的确，这一段时间我非常忙，但为了您这份信任，我决定推掉明晚的私人约会，去看您的机器。"

第二天下班后，这名主任信守承诺，随着这位销售人员去看他们所说的X光机。在看过机器后，科主任高度肯定了机器，并认真地提出了几点意见。沟通在友好的气氛下进行，最后，科主任决定向这家厂商购进一批这种型号的X光机。

实际上，绝大多数人都受用别人的请教，因为这毕竟是自己价值的体现。所以，当你带着真诚的态度以请教的口吻对客户说话时，多半会获得对方的欢心，从而为你的下一步销售活动打下良好的基础。

3. 欣赏客户最得意的事

成功的销售离不开对客户感情的投资，对客户的感情投资有多种方法和方式，其中用语言多多赞美客户是非常常见而且重要的一种。恰到好处地赞美客户，让客户飘飘然，缩短了销售方与客户之间的心理距离。这样相处起来气氛会融洽很多，非常有利于其后的销售活动的开展。

维普是宾夕法尼亚州菲德尔菲电力公司的销售人员。一次他去宾夕法尼亚州郊外拓展业务，闲逛时他看见郊外有一幢十分整洁宽敞的农舍，就上前主动拜访这家主人。农舍的女主人卜普德打开了门。维普礼貌地将自己的身份和来意告诉了农舍的女主人。没想到，卜普德听后，没有说什么，而是用力将门“砰”的一声关上了。维普十分奇怪，又敲起门来，换来的却是不客气的斥责和谩骂。

维普通过周围的邻居打听到这家女主人养小鸡很有成绩，小鸡不但养得好，而且有一定的规模。卜普德对此很引以为傲。维普认为自己销售的机会来了。精心准备之后，第三天，维普又一次敲响了这家农舍的大门。农舍女主人把门打开后，见又是推销员维普，就要把门关上，维普急忙说：“您好，卜普德太太，真是不好意思再次打扰您了，不过我这次不是来推销电气的，是听说您饲养的小鸡非常棒，而且鸡蛋也非常好，是专程来买一些的。”

听维普这样说，卜普德太太脸上的神情缓和了许多，她把门拉开了一点，开始重新打量维普。维普继续说：“是这样，卜普德太太，听许多人讲您养的小鸡不但活泼，而且健壮，鸡蛋颜色还好。我太太想做蛋糕，需要一些鸡蛋。我们不知道做蛋糕用黄褐色鸡蛋，还是用白色鸡蛋好，所以才跑来拜访您并向您请教。”

听完维普的这段话，卜普德太太脸上的笑容展现了出来，她把大门完全打开了，礼貌地请维普来到院子里。维普环顾一下院内的施舍，说道：“卜普德太太，看您使用的设施和场地规模，您养鸡赚的钱一定超过您先生赚的钱吧？”

卜普德太太听完这句话，明显又高兴了不少，脸上的笑容更灿烂了。这是因为她长期养鸡没有得到丈夫的肯定，而自己却一直引以为傲，今天维普这样认为，怎么能不让她感到高兴？她主动邀请维普参观自己的鸡舍，并给维普介绍自己的养鸡经验，谈话间自然就聊到了电对养鸡场的好处和必要。

交谈中，维普一直赞美卜普德太太有着聪明的头脑和丰富的经验，卜普德太太高兴地应允着。在这次愉快的参观结束的半个月后，维普接到了卜普德太太和她周围的邻居邮寄过来的用电申请书。维普的销售策略取得了成功。

再看一个例子：

维达是华盛顿州一家室内装饰品公司的销售员，他所在的公司不但在华盛顿州开展业务，而且还将业务拓展到其他一些州。一次，维达领命前往佛罗里达州拜访一位新客户。维达坐火车从华盛顿州来到佛罗里达州，并如约见到了这位客户。

“您知道您的姓在这个区是独一无二的吗？”维达进入这位客户办公室时，面对客户，一脸真诚地问道。

“真的吗？我是独一无二的吗？我还真不知道呢！”客户有些惊异。

“嗯，确实如此，早上我一下火车在查看电话簿找您的住址时发现在这个区只有您姓这个姓。独一无二的姓，这可不是能轻易遇到的事。”维达依旧一脸认真地说。

“哦，有可能，要知道我的姓可不是普通的姓。我的家族是从荷兰迁过来的。不过已经有很长一段时间了，那时……”客户被勾起了兴趣，开始谈起了他引以为傲的家族往事。

维达从客户满脸骄傲的表情和沾沾自喜的讲述中了解到客户是个愿意听赞美的人，于是在客户讲完他引以为傲的家族往事后，开始夸赞起他和他的公司来："您的公司规模这么大，这么有气魄，我从来都没有碰见过。您能领导这么大的公司，而且还经营得如此有声有色，可见您的能力是非常棒的！"

"嗯，这个公司倾注了我大量的心血，我也知道它比同类公司更有规模，更有竞争力，对此我也很自豪，你愿意参观一下我的公司吗？"客户脸上露出了灿烂的笑容，笑容之中掩饰不住得意的神情。

在接下来的参观中，维达恰到好处地又赞美了客户丰富的组织与管理经验和公司高效的运营模式，客户脸上的笑容更加灿烂了。

参观结束后，这位客户坚持要与维达共进午餐。进餐过程中，客户问起了维达的具体来意。在维达说明了自己的来意后，客户没有多加考虑，欣然答应午餐结束后就签订单。

就这样，维达在没有花大量时间介绍产品的情况下，就达成了交易。而交易之所以这么顺利达成，就是因为维达恰到好处地赞美了客户，让客户找到了自己的存在感和价值。关系拉进了，买卖自然就好商量了。

赞美是增进情感交流的催化剂，多多赞美你的客户，让他们飘飘然，自然你的销售就会顺利无碍。当然赞美要恰到好处，时机也要适当，否则不看时机胡乱赞美，会适得其反的，这一点也要引起注意。

4. 赞美有技巧，才会有好效果

赞美之词不是随心所欲的，更不是千篇一律的套话，它是讲究技巧的，是有的放矢的。带有技巧性的赞美如能恰到好处，总能深深打动客户的心。

有一对夫妇没有生育孩子，养了一条宠物狗。他们对这条宠物狗，呵护备至，百般疼爱。一天，一位汽车销售员来他们家里拜访他们。在交谈中，这个销售员很快发现了客户非常疼爱家里的宠物狗，就趁机对小狗加以赞美，说小宠物狗毛色纯正，血统高贵，对主人的指令领会很快，并且长得非常漂亮。一番赞美的话让夫妇二人十分高兴，不禁对这名销售人员产生了好感。

一周后，这个销售员再一次拜访了这对夫妇。夫妇二人也高兴地接待了他。最终这个销售员成功地将一辆家庭轿车卖给了这对夫妇。

这个交易之所以能顺利达成，很重要的因素就是这个销售员在赞美对方时有的放矢，讲究了技巧，使赞美直入客户心坎，打动了客户，赢得了客户的欢心，从而促成了交易。再看下面这个例子：

C市D县一所职业技校缺少一套试验设备，为了这套学生必需的实验设备，该职业学校的校长已经三番五次地向上级部门递交了申请报告。可报告如石沉大海，遥遥无期，报告迟迟没有回复的原因有多方面，但结果只有一个——等待。

无奈之下，校长想求助于C市大兴皮革厂经理谢礼。谢礼是D县人，前两年曾捐款2万元给职业学校，以帮助添置学生桌椅。校长这次准备求助于谢礼有些为难，因为他了解到，谢礼的皮革厂这两年因市场大环境的影响，生意很不好，利润大大下滑。这种情况下再去求助，似乎有些强人所难。但学校又确实很需要这批实验设备，所以，校长还是决定去试一试。校长来到C市，在大兴皮革厂的经理办公室见到了这位经理。

“您好，谢经理，再一次见到您非常高兴。我来C市开一个小会，其间又一次听到您慷慨解囊支援教育的事迹，感到非常钦佩，返回县城之前，特来拜访。”一见面，校长就开始了高度赞美。

“不敢当，尽己所能而已。”谢礼礼貌地回应。

“您的事迹现在已经家喻户晓，在咱们市，还找不出几个像您一样有着高瞻远瞩的眼光，又有宽广济世情怀的企业家。现在连小孩子都知道您的大公无私的行为，您上次捐给……真是非常非常的让人敬佩！”校长围绕谢礼这些年为本市的教育事业所做出的贡献大谈特谈。赞美的话，谢礼虽然已经听得已经很多了，但这种具体的赞美，他还是觉得很受用。

在一番贴心赞美之后，校友又自然而然地谈起了自己的无能和无助：“与您相比，我真是惭愧啊，学生急需的实验设备，作为一校之长，我毫无办法，虽然我已经为此打了五个报告，但领导们却无视。如果他们能像您有一心为教育的情怀，尽己所能为咱们市的教育出一份力，哪能让学生们如此苦等？我要再一次向上面打报告，恳请3万元的拨款。我一定要向您学习，有一份力……”

校长的话说到这里被谢礼打断了，他慷慨地说：“好了，校长，报告不用再打了，虽然我现在的生意不景气，但我为教育出力的心却没有萎缩，这3万元钱，我出了，您明天就可以来取。”

得偿心愿的校长紧紧握住经理的手，一再表示内心的感激。

校长之所以能够得偿心愿，与他用心良苦的赞美有着很大的关系。校长的赞美之词确实发自内心，发自肺腑，同时也带有很高的技巧性。他赞美经理不是用套话空话，而是非常具体，同时，对对方的赞美与对自己无能的自责相对比，更是把对方推向了一个高度，让对方的荣誉感和成就感得到强烈体现，从而深深打动了对方。

好的赞美是一种艺术性的表达行为。大量的实践证明，对对方的赞美之词不但要真心实意，而且要有一定的技巧性。

通常来说，赞美之词一般要满足对方在知识、能力、见识、胸怀上的心理需求。每个人都有自己优势所在、引以为豪的地方，赞美时一定要抓住对方最重视、最引以为豪的地方，将其放到最核心的位置去赞美，这样才能最大限度地满足对方的心理需要。

赞美还要恰当地使用反语，幽默地赞美对方也是一种很重要的赞美对方的技巧。故意贬低自己，反衬对方高明之处或者“高风亮节”是使用反语赞美对方的一种重要方式。上面的事例中，校长就是采取了故意贬低自己，从而更加衬托出对方的高尚的赞美技巧，使对方心甘情愿地再一次捐款。

还可以借助事实和他人之口赞美对方。这种方式一是避免了自己阿谀奉承之嫌，二是增强了赞美的感染力和说服力，其结果往往是间接地满足了对方的自豪感、荣誉感和自信心，让对方欢欣鼓舞。例如这样说：“陈经理，早听业内人士说您年轻有为，为人正直，风度翩翩，今日一见果然名不虚传！”

另外，要注意的是，赞美一定要因人而异，因时而变，掌握好时机和用语，只有时机和用语掌握得恰到好处，才会起到应有的效果。

5. 这样说礼貌话，效果会更好

礼貌反映出一个人的基本素养，一个讲礼貌的人虽然不能说必然会受到欢迎，但一个不讲礼貌的人肯定会遭到他人的反感和抵触，甚至是对抗。作为销售人员，讲礼貌更是必要的素养之一。它的作用和力量不容忽视，有时可能一句简单的礼貌用语就打开了客户的心灵大门。

一位销售人员见到了熟悉的客户："您好，王先生，欢迎来我公司参观。"这样客气的问候定会让客户感觉心里舒服，让客户欢心，同时也传达出自己的良好修养。客户被尊重的心理需求被满足之后，自然会对销售人员产生好感，从而愿意与之交流下去。

再看这句："郭先生，感谢您在百忙之中，还抽出宝贵的时间和我见面，真是万分感激。"在这句中，礼貌用语的使用会传递出你的真诚和感激，会让客户感受到你的这份情谊，从而使你们的关系亲近起来。

礼貌用语有很多，"您好、欢迎、感谢、谢谢、请、很抱歉、多关照"等是较为常见的礼貌用语，也是销售人员常用的礼貌用语。

"您好"显然要比"你好"更容易获得对方好感。

一句"欢迎光临"让来者有一种宾至如归的温馨感觉。

"感谢""谢谢"之语及时表达谢意反映了说者的教养，同时让听者感受到说者的美好祝福。

"请"仅仅一个字，说起来很简单，但也同样传递出说者的良好素质和美好诚意。

"很抱歉"表达了说者的一种歉疚，更能体现出诚意。

“多关照”是请求对方在某方面给予照顾，会让对方有一种被重视的感觉，一般听者会很享受，也多半会在能给予说者照顾的时候给予照顾。

需要注意的是，在使用这些礼貌用语的时候，还要注意一些事项：不能张口闭口都是礼貌用语，这样不但不会起到应有的作用，反而可能会引起客户的反感。通常情况下，销售人员在对客户使用礼貌用语的时候一般要注意下列事项：

（1）语气要温和亲切。声音不要高，也不要低，更不要娇声细气，否则，礼貌用语就达不到应有的效果，还会引起客户的反感。

（2）表情自然，态度端正。在跟客户客气时，要注意表情要自然，不要搞怪，要给人一种亲切温和的印象。态度要适当谦恭，姿态不要太高，但也不能太低。这两种姿态都是不受欢迎的。如果姿态太高，说话难免趾高气扬，即使使用了礼貌用语，也让人感觉很做作，无法产生亲切之感。姿态放得太低，给人一种卑躬屈膝的卑微感，也让人很不舒服，这种情况下，使用礼貌用语会给人一种曲意逢迎之感，不容易令人产生信任。因此，在跟客户客气时，注意态度一定要端正。

（3）使用要有分寸。礼貌用语既不能说得过多，也不宜在不该省略的时候省略。说得过多，就失去了应有的意义，给人的印象也不深刻。不该省略的时候略去不说，会给人留下不礼貌的感觉。另外，赞美很多时候不宜太直接，总之一句话，使用礼貌用语要掌握好分寸。

作为销售人员，使用礼貌用语的重要性不言自明，明白了其重要性，再注意一下使用时的事项，恰当使用，就会为交谈锦上添花，拉近与客户的距离，为后续的销售活动营造融洽的气氛。

6. 给顾客高规格的礼遇

绝大多数的客户在购买东西时都有想当上帝的心理，也就是想享受商家高规格礼遇，即想享受VIP待遇。VIP是“贵客、贵宾”的意思。由于市场竞争激烈，一些商家遂想出了这一诱人的经营手段。凡是成为某个商家VIP会员的人，就可以享受到一些特有的优惠或者折扣，这些优惠或者活动不是普通客户能享受到的。

实际上，有些客户花钱办一张VIP会员卡不但是为了获得那些优惠或者折扣，更大程度上是认为如果成了哪个商家的VIP会员，会觉得自己特别有面子，有一种自豪感。可以说VIP已经成为一种身份和地位的象征。

所以，销售员要抓住客户想享受VIP待遇的消费心理，适时给客户以高规格礼遇，讨客户的欢心，让客户获得心理满足，由此更愿意和你做生意，购买你的产品或服务。

胡磊经常带人去一家高级餐馆消费，餐馆经理是个精明的商人，他找个机会向胡磊推荐了VIP会员卡的项目。胡磊想了想，觉得办个VIP会员卡对自己还是有一定好处的，于是就爽快地办了一张会员卡。

过了几天，胡磊在这家餐馆请人吃饭，宾主吃得不亦乐乎。吃完后，胡磊去前台结账，他出示了自己的会员卡。工作人员接过来一看，是经理签字的会员卡，立刻满面笑容，客气连连，酒水和菜品都按规定给予了优惠，这让胡磊省了不少钱。胡磊回到餐桌后，餐馆的经理还亲自送来一盘水果布丁，说是算自己请客，希望他们下次光临。这样的礼遇让胡磊在客人面前感到非常有面子。从此以后，胡磊更成了这里的常客。

很多人办理VIP会员卡是为了满足自己的虚荣心；其中一些人是因为商家推销而办理的，还有一些人是抱着“别人有，我不能没有”的心态办理的。实际上，后面的一类也可以归入是为了满足自身的虚荣心而办理的。

从这个调查中，可以看出多数客户都有虚荣心，都想让对方把自己当作贵客、贵宾看待。现在越来越多的商家给客户办理VIP会员卡，用优惠、积分等活动吸引客户消费。同时，越来越多的客户成了VIP会员。从商家的角度来看，要想提高销售业绩，扩大销售成果，就要充分利用客户想被尊重，想满足虚荣心的心理。

伊斯特曼是美国纽约知名的富翁，一次，他为了纪念他的母亲，决定在洛加斯达城捐造“伊斯特曼”音乐学校及“凯伯恩”剧院。埃特森是纽约辛纳格座椅制造公司的销售员。他在获知大富翁伊斯特曼准备建造“凯伯恩”剧院时，非常想得到该剧院座椅的合同，于是他费尽心机想和伊斯特曼见面谈。终于他成功约到了伊斯特曼。

在伊斯特曼办公室，埃特森先是做了自我介绍，然后一脸真诚、极其自然地说道：“尊敬的伊斯特曼先生，在还没有和您见面的时候，我就在想您是在什么样的办公室工作的呢？那一定是非同凡响！果真如我所料。您的办公室果真十分漂亮，漂亮得不同凡响，说实话，我从来不曾见过这么漂亮的办公室。您真是会享受！”

埃特森一边啧啧赞美着，一边走过去用手摸摸壁板，连着赞叹道：“这是最好的英国橡木做的，您真是太有眼光了。看这纹理多么精妙！”

伊斯特曼回答：“嗯，你眼光也不错，它确实是从英国采购的橡木。我幸好也略懂一些木料的好坏，是我亲自挑选的。品质还说得过去。”

随后，受了赞美的伊斯特曼高兴地领着埃特森看了他当初帮助装饰公司设计的房间配置、油漆颜色及雕刻图案等。当他们在室内夸奖木工的技术时，伊斯特曼走到窗前站住了脚，然后亲切地表明要捐助洛加斯达大学及布立医院等机关一些资金，用以表达自己的心意。而埃特森又不失时机地高度赞美了伊斯特曼这种慈善义举。

两个人边走边谈，从一进屋，埃特森对伊斯特曼的赞美就没停止过。埃特森的赞美很到位，既不过分露骨，又能让伊斯特曼感觉到。最后埃特森谈到了他的来意。他对伊斯特曼说："尊敬的伊斯特曼先生，鉴于对您的敬重，我们的产品可以给您以最大的优惠，享受我们公司VIP最高待遇。"时至中午他们还在滔滔不绝地谈着。最后埃特森从朋友伊斯特曼那里拿到了10万美元的订单。

埃特森是个聪明人，他从伊斯特曼最热心的话题切入，不失时机地对其赞美，给予对方VIP最高待遇，最终达到了自己的目的：和客户成为朋友，拿到订单。这里再一次证明，一个优秀的销售员，一定要掌握客户想被尊重、想享受高规格礼遇的心理，并适时满足客户的这种心理。

7. 让他有面子，他才会掏票子

中国人最看重“面子”，有了“面子”，好多问题都很好解决。在销售活动中，聪明的销售员都会让客户有展示自己“面子”的机会，这样，好“面子”的客户多半会投桃报李而让对方也有“面子”，也就是会买对方所推销的产品。

下面这个销售员就很不“聪明”，让客户没了“面子”，交易自然也就泡汤了。

一个凉风习习的晚上，一家经营高档服装的服装店灯火通明。一位穿着入时、打扮时尚的年轻女士挎着一款精致小包走进这家服装店。

见有客户上门，店里一个年轻的销售员迎了上来。她礼貌地打声招呼：“您好，女士，欢迎来我们这里选购衣服。”

年轻女士没有回答，而是径直走向服装店的高档套装区。这名销售员跟在她后面也来到了高档套装区。

年轻女士在一套考究的黑色套装前停了下来。

身后的销售员见年轻女士在仔细打量这款套装，就介绍道：“您真有眼光，一眼看中了这款套装，这是我们经理刚从国外采购回来的新品。衣料非常讲究，制作也很精良，正适合您优雅的气质。”

听了销售员的话，年轻女士脸上露出了浅笑。

销售员见自己的话见了效，继续说道：“我们店经营的服装都是高档服装，您看中的这款套装在我们这里算不上贵的，比它贵的有很多，它的性价比是很高的。”

话似乎变了味，果然年轻女士听了这话，刚才还挂在脸上的笑容转瞬间消失不见，代之而来的是愠怒的表情，她将手里的套装扔向销售员，说了句：“我并没有看中它，还说什么高档货，真有意思！”说完，转身扬长而去。

这笔交易之所以没有成功，与这个销售员没有照顾好这名年轻女士的面子有直接关系。这个销售员的前一段话很好地夸赞了这名女士的眼光，使她感到很有面子，她感到很高兴，这可以从她的微笑中看出来。但这个销售员的后一段话却损伤了年轻女士的“面子”，让她很是恼火。

与上面案例中的销售员相反，下面这个案例中的销售却很会给客户面子，讨得了客户的欢心，最后销售成功。

小程是一家品牌皮鞋专营店的销售员。一次，他上班时间，店里来了一位穿着很体面的顾客。他一进店，小程就迎了上去，说道：“欢迎光临，有什么能帮助您的吗？”

“我想看看皮鞋。不要系鞋带的，42号，有合适的吗？”来客是个爽快人，开门见山地说道。

小程转身取了一双看上去很考究的皮鞋过来：“先生，您看看这款皮鞋怎么样？新上市的，很有品位。”

“看起来还不错，我试试。”顾客说道。

“嗯，不错，大小合适，穿起来也挺舒服。售价多少？”顾客前后看了看鞋，问道。

“1899元，先生。”

“怎么这么贵？”

“是这样，先生，这款皮鞋是新上市的，所用的皮质很好，做工也非常精良，款式也新颖，是专门为像您这样的成功人士精心设计打造的。您穿上它，更能衬托出您超凡的气质，依我看，正配您！”小程说道。

“是吗？嗯，是不错，好了，买了。”顾客做出爽快的样子。

小程无疑是个聪明的销售员，他恰到好处地夸赞了顾客，让顾客的“面子”得到了充分的展示，讨得了顾客的欢心，使得销售顺利实现。

如何才能让客户感到有“面子”呢？不妨参考下面这两点：

首先，要对客户进行适当的夸赞。这要求销售员要有一定的眼力，看客户是否是好“面子”的人，如果客户是好“面子”的人就要找好时机及时夸赞客户，让客户的“面子”得到充分展示。一旦客户的“面子”得到了展示，自然就会高兴，也就会心甘情愿地掏腰包付账。

其次，要会制造让客户“有面”的机会。销售员在与客户交谈沟通中，要主动热情地向客户介绍高档优质和时髦考究的产品，以抬高客户的身价。这样，客户自然就会觉得自己被看重，很“有面”，很多情形下的销售就是这样达成的。

总之，销售员要努力让客户有“面子”，讨客户的欢心，客户高兴了，成交也就变成自然而然的事情了。

第六章 专家怎样说，你就怎样说

说什么话客户才能信服？怎么说客户才愿意听？又有什么样的话才能打动客户的心坎。无数的事实告诉我，只有专业的话才具有这么大的魔力，才能让客户愿意听，也愿意信服。否则尽管费尽口舌，尽管口干舌燥，客户依旧不为所动。所以要记住，要像专家一样说话。

1. 别太low！要像专家一样说话

很多人都有相信权威、专家或者行家的心理。这种心理是非常正常的，谁不愿意听从一个懂行的人的话呢！因此说，“权威效应”，或者说“专家效应”是普遍存在的。实际上，这是人们出于一种追求安全的心理需求。服从这些权威或者专家会使自己的这种追求安全的心理需求得到满足，因此他们都非常愿意这样做。

美国一所大学的一位心理学家曾做过这样一个实验：在一个心理学课堂上，这名心理学家给同学们介绍了一位从外校请来的专家。他告诉同学们这名专家是从国外回来的，是名化学家，做过很多著名的化学研究，也发表过许多很有影响的学术论文，在业内十分有名，这次是为了提升学校的化学科研水平才聘请过来的。同学们表示了热烈欢迎。

在一节化学课上，这名业内著名的化学家郑重其事地拿出一个装有澄明液体的瓶子，告诉学生，这是他新发明的一种化学物质，有一种特殊的气味。他打开瓶盖，让在座的学生闻一下，然后说：“闻到味道的同学请举起手。”

结果很多学生举起了手。这名化学家遗憾地告诉这些学生，实际上这个瓶子里装的液体只是普通的蒸馏水，而并非是有什么气味的新发明的化学物质。

那么，问题来了，为什么明明是无味的蒸馏水，却有那么多学生闻出了味道来了呢？答案很简单，就是因为说这种物质有气味的人是一名业内知名的专家。

从这个案例中，明显地看出人们对权威的信任和认可。虽然很多的时候这种信任和认可是盲目的，但人们对权威的这种信任和认可，会使权威形成一种强大的影响力。利用这种权威效应，可以在很大程度上影响和改变人们的行为。

在销售活动中，销售专家利用了人们对权威的遵从和认可。如很多商家在为产品做宣传时，总是不惜高薪聘请一些专家来做产品的形象代言人。

这种“权威效应”也让一些销售员意识到在和客户交流时要采用专业性话语，以求吸引住对方。看下面这个例子：

一家物流公司原想购买一辆载重4吨的大卡车，可出于节省成本的需要，改变主意，想购买载重2吨的卡车了。销售人员知道情况后，跟客户做了一番沟通。

销售人员：“您需要运输的货物平均重量是多少？”

客户：“不一定，2吨左右吧。”

销售人员：“意思是有时多，有时少，是吗？”

客户：“对，是这个意思。”

销售人员：“选择哪种载重量的卡车，一方面要根据所运载的货物重量，另一方面也要看在什么路况上行驶。如果在丘陵地区行驶，而且是在冬天，那么汽车本身的压力要比平时大。是吧？”

客户：“嗯，是这样的。我们很多业务恰恰是在那样的环境下进行的。”

销售人员：“哦，您刚才说贵公司需要运输的货物平均载重量是2吨左右，如果超过了2吨，冬天在丘陵地区行驶，汽车就会处于超负荷的状态。”

客户听了，被吸引住了，沉思起来。

销售人员：“所以，您认为是不是应该留有一些余地比较好呢？而且还可以延长汽车的使用寿命。”

客户越发感兴趣起来：“那您的意思是……”

销售人员：“将使用寿命和价格综合起来考虑，我这里有关于卡车载重量和使用寿命以及价格的对比表，您可以看看。”

客户忙说：“那好，拿给我看看。”

最终，这个销售人员成功说服这名客户买了一辆载重4吨的卡车。

实际上，这个销售员成功销售的秘诀无他，只是采用了专业话语吸引住了客户，并赢得了客户的信赖，从而得以成功销售。

“虽然说专家的话不一定全对，但是从消费心理上看，人们还是愿意相信专家的言论，因此，作为销售人员，别太low（低级），一定要学会像专家一样说话，以帮助自己完成销售。”

2. 讲客户能听懂的专业话

虽然客户是由于需要才来购买产品的，但大多数客户并不是产品行家，可以说都是一些门外汉。真正的行家是少之又少的，专家型的客户来购买产品，更多的时候是不需要销售人员详细介绍产品的。因此需要销售人员详细介绍产品的，绝大多数都是不了解产品的客户。所以销售人员能否将产品用专业的话语介绍清楚将是取得客户信任的关键因素。

这很好理解，销售人员的介绍就是为了使客户能够清楚了解产品的情况。如果销售人员将产品情况介绍得一塌糊涂，专业话语说得不清楚，自然很难获得客户的信任，销售也就很难取得成功。

乔特是美国阿拉斯加州州政府采购员，一次他受命为民政部门采购一批办公用品。采购中，他与一个销售信件分报箱的小伙子进行了沟通。乔特向他说明了民政部门每天可能收到信件的大概数量，并对采购的信箱提出一些要求。这个小伙子考虑过后，告诉乔特，他们可以提供民政部门需要的那种信箱，也就是CSI。

乔特不太明白CSI是什么东西，就问："什么是CSI？"

小伙子答道："就是你们需要的信箱。"

乔特又问："那它是什么材质的？金属的，纸板的，还是塑料，抑或是木头的？"

"哦，如果你们想用金属的，那就是需要我们的FDX，我们也可以给FDX配上两个NCO。"

乔特不明白，不过他没有追问下去，而是又问了另外一个问题："我们有些打印件的信封会很长，那该如何办？"

"哦，如果有这样的情况出现，你们可以用配有两个NCO的FDX转发普通信件，而用配有RIP的PII转发打印件。"

听到这儿，乔特忍不住发火了："小伙子，我要弄清楚产品的材料、规格、性能、使用方法以及价格等，而不是一大串让人听不懂的字母，你自己说说你到底给我们推荐了什么？

听到这儿，这个小伙子又说道："哦，我说的是我们产品的产品序号。"

最后，乔特又找人帮忙，最后才总算弄清了这个销售员口中所谓的CSI。这项交易还是没有达成，因为虽然弄清楚了产品的材料、规格，以及使用方法、容量、价格等产品情况，但是对于那个销售人员，乔特还是无法做到完全相信，所以他最终放弃了那次交易。

由此可见，销售人员在与客户沟通时，在给客户介绍产品时，一定要将专业话说得清楚明白，以求获得客户的信赖。那么，如何才能将专业的话讲得清楚，引起客户的兴趣呢？通常要遵循下面几个原则：

首先，要使用多数人能理解的词。虽然要求讲专业话语，但一定要使用多数人能理解的词，而不要使用"研究家的语言"，因为过于"专业"的语言，绝大多数客户是无法理解的。

其次，要使用恰当的描绘性的词。为了使被描述的有关产品的内容生动有趣，勾起客户倾听的兴趣，应努力使用恰当的描绘性的词语。

最后，要避免使用枯燥乏味的词。这类词的使用会给客户留下极为不好的印象，进而会影响到客户的情绪，给销售人为设置了障碍。

总之，专业话一定要说得清楚明白，争取让每一位客户都能听得懂，才能为销售打开一片广阔的天地。

3. 控制语速，专业话要慢慢说

通常讲的专业话语要适中，指的是专业话语的语速要适中。销售员在与客户沟通时往往会忽略一个细节，那就是在讲专业话时不注意语速。这是不对的。作为销售人员在与客户沟通时一定要注意语速快慢适中，不可过慢，也不宜过快。实际上，过慢的情况不多见，过快的情况多见一些。专业的语言，如果讲得过快，就会语音不清，就会使人听得糊里糊涂，茫然无措，实际上听了等于没听。

一位经理曾就语速过快的问题求教于一位语言培训专家，他说他有一个很好的秘书，工作节奏快而周密，两人合作默契，自己很满意。但在给他报告时，语速非常快，这让他有些受不了。随着工作压力与负担的加重，他对秘书的这种快语速刺激越发受不了，他决定改变这种状况。这就是他求教于语言培训专家的目的。

专业语言讲得快而清楚也不适宜。因为客户多是不太懂产品相关情况的门外汉，即使他们听清了你所说的话，也需要一定的时间去琢磨、消化。

另外，还有一个重要的原因，要求销售人员在讲专业语言时要快慢适中。快慢适中的专业性介绍能够给人以更安全、更值得信赖的感觉。通常，人们都会认定只有信心足的人，才有底气把话讲得清楚明白。

如果你的语速确实过快，就要想办法把语速降下来，可以利用限定时间数数的方法降低语速。具体做法是高声朗读文章，用笔在你所朗读的句子下面向前滑动，引导你的声音。如果感觉语速过快，就放慢滑动的速度，如果感觉语速有些慢，就加快向前滑动的速度。还可以用录音设备录下新闻播音员播报新闻的声音，然后试着模仿他们的播音，以求将语速控制得快慢适中。

销售员要掌控好自己的语速，如果有必要，可以随时放慢语速，以满足客户的需要。另外，还要能够根据一天的工作安排、客户的类型，以及当时的情形，来调整自己说话的语调和语速，以应付不同情境的需要。

销售人员讲话时还要注意语言的规范性。通常，语言规范与否，一定程度上反映出一个人处世应变的能力和专业素质。对销售人员来讲，是一门应具备的基本功，是取得客户信赖的一个基本素质。下面是对销售人员语言规范的几个基本要求：

（1）措辞适当，表达准确。销售人员要能根据客户类型、不同情境，用不同的措辞，恰到好处地将产品相关情况介绍清楚明白。词要达意，语要通俗，使客户既能听清，又能听明白。这样客户才能对产品的情况了解清楚，不至于糊里糊涂。

（2）谈吐文雅，用语得体。销售人员要从尊重客户的原则出发，谈吐力求文雅，用语力求得体。这种谦恭的说话态度和方式会获得客户的认可，进而获得客户的信赖。

（3）语气沉稳，语调抑扬。销售员与客户沟通时，语气要沉稳，语调抑扬顿挫，自有一股大家风范，不知不觉中就能赢得客户的好感和信赖。

另外，销售员在用语言与客户沟通交流时，还要掌控好自己的感情尺度，要做到态度不夸张。例如，赞美对方不宜演变成没有底线、没有原则的阿谀奉承，更不能降低自己的人格，哀求客户的怜悯。

总之，销售人员的专业用语要讲得通俗，能让人明白，同时，还要注意语气、语调等问题，只有将专业语言讲好了，才能赢得客户的好感和认同，进而促成客户的购买行为。

4. 用“FABE”法介绍你的产品

产品介绍是销售人员销售过程中一个非常重要的环节，产品介绍的好坏直接关系到销售活动的成功与否。好的产品介绍肯定有助于销售活动取得成功。

通常情况下，好的产品介绍需要符合“FABE”的要求。所谓的“FABE”指的是下述四个方面的内容：F代表产品的特征，A代表产品的优点，B代表客户的利益，E代表证据。具体来说，销售员在正式给客户介绍产品前，事先要按照“FABE”做好详尽的说明准备工作。也就是说要把产品分解成机能、材料、外形、使用性、便利性、价格等部分，然后就各部分写下它的特征以及优点所在，还有这些特点能够给客户带来哪些便利和利益，最后还一定要列出该产品的确能够给客户带来利益的证据。这样的产品介绍才算是好的产品介绍。看下面这个销售人员对产品的介绍：

“尊敬的客户好，我公司新进一批新式电子玩具，有多种类型和样式，档次也有高有低。售价从几十元到上千元不等。这是一批益智玩具，可以很好地开发孩子的智力，还可以作为家庭的装饰品。各位，看这里，这是一套有代表性的玩具，这些玩具质量可靠，外形采用最新式的一体构造法，安全性高。玩法从简单到复杂的都有，可以根据需要选择。要说明的是，这类型玩具的玩法很高级，大家可以自己动手组装成另外一种您所喜欢的玩具。出售这类玩具的同时，赠送一套组装零件，这样您一定会重新组装出更多更好玩的玩具。”

这个产品介绍已经大致具备了“FABE”的要求，算是一个好的产品介绍。再看下面这个更好的产品介绍。

“您好，赵经理，这是一款我们公司新生产的厨房用调料瓶。您看，瓶口有舌状的倒出口，出口上刻有7厘米的沟槽。这个沟槽的用处是防止瓶内的液体外漏，但往里面倒入液体，油、醋、酱油等都可以无碍倒入。

“我们这款调料瓶最大的优点之一是在倒完瓶内所装液体后，不会在瓶口残余所倒液体，因而不会弄脏瓶口，看起来十分干净卫生。据调查，这一特点为市场上同类商品所不具备，因此特别难能可贵，销售前景也非常诱人，会给您带来非常可观的利润。

“您再看它的外形，它有着圆润的圆锥形造型，盖子也是圆的，整体给人一种圆润、光洁的感觉，而且摸起来手感也不错。颜色方面，也有蓝、黄、绿三种颜色可供选择，可以说外观时髦别致，既可以放在厨房，也可以放在餐桌和食品柜中，因此，从外形到实用性上看，都是上上之选。因此……”

这个对调料瓶的介绍就很符合“FABE”的要求，对产品的性能、外形、使用、特色以及给客户带来的利益都介绍得十分清楚，客户也会听得明明白白。

使用这种方法进行产品介绍，会有下列好处：

（1）便于进行好的产品说明。这种方法将产品说明分解成各个部分，涵盖了产品的全方面，因此能够很好地将产品情况介绍得清楚明白。

（2）由于这种产品介绍是站在客户的立场上进行的，因此客户听起来更容易理解和明白。

（3）具有较强的说服力。这种产品介绍是基于客观事实进行的，因此有较强的说服力。另外，从特征、优点、利益，再到证据的说明，逻辑性较强，也更容易为客户所理解。

（4）由于这种介绍条理清晰而且很具体，所以在介绍时，销售人员可以很好地观察客户的反应情况，把握客户的真正兴趣或真正的需要所在。

总的来说，采用这种介绍的好处是会让客户听得清楚明白，对产品有更深的印象，增加对产品的认同感和信任度，增大购买产品的概率。

除了运用这种方法进行产品的介绍外，还有另外一种介绍产品的好方法，那就是让产品自己“说话”，先勾起客户的兴趣，然后销售人员再开口介绍，这样会起到事半功倍的效果。例如，销售小饰物的销售人员先不说话而是将精心准备的小饰物展示给客户看，客户一旦被展示的小饰物勾起好奇心，产生了兴趣，这时销售人员再介绍产品，就会起到一个很好的效果。

运用这种方法进行产品介绍，要注意下面几个方面：

首先，产品一定要有足够的吸引力。这样才能起到勾起客户好奇心的目的，也才会给销售人员创造一个介绍产品的好机会。

其次，产品一定要质地优良，经得起客户的反复接触。给客户看或者试用的产品一定要质量上过关，这样才能起到应有的作用。

再次，所展示的产品要精美轻巧，便于销售人员携带，也便于客户观看或者试用。

最后，产品要有较强的感官审美性。这个要求的目的就是努力取悦客户的感官，最大程度唤起客户的好感，勾起客户的购买欲望。

5. 专业地问，更要专业地说服

晓晓是电子产品的销售人员，主要负责销售儿童益智游戏卡，下面是她与一位客户的谈话。

晓晓：先生，您的孩子上初中了吧？

客户：不错，今年刚上。

晓晓：初中是孩子开发智力的重要阶段，相信您也是这么认为的吧？

客户：嗯，对，我也这样想，不过不知道如何开发。

晓晓：我负责销售一些益智游戏卡，非常适合中学生的脑力开发。哦，您是不是认为孩子玩游戏会耽误学习？

客户：不错，我是这么认为的。玩物丧志嘛！

晓晓：先生，您误解了，我销售的这种游戏卡不是一般娱乐的游戏卡，是益智游戏卡，是一款把数学、英语结合在一起的智力游戏，是非常适合中学生脑力开发的。

客户显现出沉思的模样。

晓晓：您知道，现在的社会是信息高度发达的社会，也是知识爆炸的社会，人们都在学习。学习的方式也不再像以前那样单一地从书本上学习，而是变得多元化。现代的知识就要通过现代的方式去学。不要认为所有的游戏都耽误学习。目前，益智游戏卡已经成了孩子重要的学习工具了。您看，这就是这种游戏卡，您来操作看看。

客户被吸引住了。

晓晓：您看，这又有数学习题，又有英语习题，寓教于乐，孩子在游戏中就学到知识了，何乐而不为！

客户见游戏卡确实如晓晓所说，将数学和英语知识融于其中，信心增加了，于是动了购买的欲望。

晓晓：从投资的回报性来看，给孩子的教育投资是最高瞻远瞩的投资。这款游戏卡是您给您孩子的最佳礼物，怎么样，给孩子买一款吧！

客户被晓晓的劝说完全打动了，立刻决定购买这款游戏卡。

在这个成功的销售案例中，晓晓运用了专业的询问方式和劝导方式成功地激发起客户的购买欲望，最终成功地引导客户完成了购买行为。

除了专业的询问方式外，销售人员还要练好专业的说服客户的方式。看下面这个案例：

董小姐在逛商场的时候被一款造型别致的手电筒吸引住了，它小巧玲珑，造型别致，十分可爱。董小姐对它爱不释手。

一旁的销售员看见后，过来推荐说："这款手电筒是新上市的，很可爱，买一个吧！"

董小姐说："是挺可爱的。可我不缺手电筒，我已经有好几个手电筒了，而且生活中，我基本上用不上。"

这个销售员听了董小姐的回答后，无言以对。董小姐也要将拿在手里的手电筒放回货架。

正在这时，另一个销售员走上前，礼貌地问董小姐："像您这么时尚的小姐，一定经常看电影吧？如果当您走进影院，而影院的灯已经熄灭的时候，您是不是希望有个可以照亮的东西？而这款小手电筒就能帮您解决这个问题。它小巧玲珑，携带方便，会让您更时尚。"

董小姐听了似乎动了心。这名销售员继续说："还有，您如果确实用不上它，也可以买来作为礼物送给需要它的朋友啊！它是如此的精致，又是新上市的，很适合作为礼物送人的。您不动心吗？"

董小姐听了，觉得销售员说得很在理，就不再犹豫，掏钱买下了三把这款手电筒。

销售人员说服客户的方式通常可分为三种：

第一种方式是哀求对方购买。这是最不被看好的说服方式。“请你一定要买下！”“看在我辛辛苦苦为您介绍的份上，您务必要购买！”“您要是不买的话，我这个月的奖金就没了！”等此类的，就是乞求式说服。这样的说服方式有时候可能会博得客户的同情，从而达到销售的目的，但是这样的方式降低了人格和尊严，而且效率往往不高，因此，不建议采用。

第二种方式是强烈要求购买。这种说服方式也不是很好，采取高压的姿势，通过强卖来达到销售的目的。比如大街上一些销售人员拉住顾客，死缠烂打，要顾客买他们的东西，有些顾客禁不住他们的软磨硬泡，掏钱买了他们的东西。这种方式固然有时会得逞，但一定不会长久。

第三种方式是站在对方角度要求购买。这种说服方式是销售人员在销售的过程中，将自己与客户的位置对调，站在客户的立场和角度，为客户解说购买产品的种种好处，真正为客户的利益着想。这种说服方式是上乘的，也最容易为客户所接受。

上面的例子中，后一个销售员的说服方式就是低压式说服方式。她站在客户的角度，为客户的利益着想，将产品的性能与客户的实际需要很好地结合起来，最终成功地说服了客户，取得了销售的胜利。

要想获得客户的信赖，采用专业的询问方式和说服方式是必不可少的。只有做到用专业的态度和方式与客户沟通，客户才会打开心扉，也才会更信赖你，从而为后面的交易成功打下良好的基础。

下篇

“贴心”之举成交易——做到客户更满意

第七章
要做卖家，就先成为行家

专业是销售员获得客户青睐和信任的重要法宝。因为专业，所以卓越；因为专业，所以信赖。当买家遇上行家，交易就变成是板上钉钉的事了。为此，销售员一定要把自己修炼成为产品专家、心理专家、谈判专家、服务专家和法律专家。

1. 了解你的产品，了解每个细节

有这样一个销售场面：

客户："小姐，你能给我说一下这两个型号的热水器，这一台的售价为什么要比那一台高吗？而且是高出挺多。"

销售员："这一台的性能要好。"

客户："好在哪里？"

销售员："这个不太清楚，反正是这台要比那一台好。"

客户："我知道这台要好一些，但我需要知道它在哪些方面要好过那台，而且它的售价是否与它的价值相匹配。你说不清楚，让我如何比较？"

销售员无言以对。

可想而知，这桩交易是不会做成的。

作为销售人员首先一定要对自己所销售的产品有个全面的了解，这是销售员必备的业务素质之一，非常重要。如果想成功打动客户，让客户买你所推销的产品，首先就要将产品的优越性能以及独特之处成功展示给客户，让客户了解产品，这样客户才有可能购买。而在这之前，销售人员一定要熟悉产品的每个细节。

几乎所有的销售专家都认为，具有丰富的产品知识是一名优秀销售人员最重要的特征。

美国雅芳化妆品公司是一家老牌名企，拥有百年历史，其业务范围宽至

120多个国家和地区，销售代表几百万人，年销售额达几十亿美元。该公司要求旗下所有的销售人员必须是雅芳化妆品百分百的用户。

这个不成文的规定就是本着销售员一定要了解自己所销售的产品的角度出发，硬性要求销售员具备专业素质。这样销售人员在和客户沟通时就可以坦然地说："我了解，因为我用过。"

确实，只有切身体会才能更好地去说服客户，也只有亲身试用，以一个客户的角度去品评自己的产品，才能获得最为可信的第一手资料。进而带着这些亲身体会和业务知识，去与客户沟通，取得客户的信赖，从而促成交易的完成。如果缺乏这些专业知识，说服客户就会显得苍白无力。

销售人员需要掌握的产品知识通常包括了解产品的基本特征、了解产品的生产过程、了解产品的使用方法以及了解产品带给客户的利益。

产品的基本特征一般包括产品使用的材料、规格、性能、特点等。如果一个客户问销售人员所销售的产品的材料是什么，性能如何，销售人员回答不上来，正如上面那个销售热水器的销售人员遭遇到的情形，可想而知，客户是很难购买其产品的。

产品的生产过程，销售人员也需要了解一下，因为有的客户想要了解产品的生产过程，如果不事先了解，则很难给予其满意的答复。

产品的使用方法是销售人员需要了解的产品知识中非常重要的一项。很明显，在操作和使用中介绍产品要比单纯的语言介绍给力得多，也更有效果。另外，有些产品必须由销售人员向客户传授使用方法和介绍使用注意事项、保养方法，否则客户根本不会购买。比如新上市的家用电器、办公用具、生产机器等等。销售人员都要向客户详细介绍其使用方法和使用注意事项等。

有时候仅仅了解自己所推销的产品的使用方法还不够，还需要掌握所销售的产品与其他有关产品的配套使用方法。比如计算机软件的共享。此外，销售人员还要了解产品与服务的关系，如有些商家向客户销售产品时，能够帮助客户申请优惠的贷款用于支付货款。

除了要了解产品的基本特征外，销售人员还需了解产品能够为客户带来哪些利益。这是很重要的，客户为什么要买产品？是因为需要它。这就涉及了产品带给客户的利益，而这需要销售人员给客户以引导和讲解。

实际上，除了做产品知识专家外，销售人员还要做企业知识、客户知识、市场知识以及法律知识方面的专家。

销售人员在与客户初次见面时，如有必要，应该向客户介绍你的公司，以促进交易的进行。特别是面对的是一些大客户，这种介绍就更显得有必要。所以在这之前，你要了解企业知识，包括企业的历史、信誉、业务、文化等。

客户知识也是销售人员十分有必要了解的，因为销售人员主要面对的就是客户。不了解客户的知识，如何能有效与客户沟通，如何能说服客户购买产品？客户知识包括对客户的购买心理、购买喜好、购买习惯、购买条件、购买决策等途径的了解，并知道针对不同客户的不同消费心理、习惯等，采取合适的销售方式。

销售人员处于销售第一线，与市场有非常紧密的接触，能及时有效地捕捉到市场信息。对自己负责销售的产品的市场更有发言权。通常情况下，销售人员需要了解的市场知识包括客户信息、市场供求信息、产品经营效果信息，以及行业竞争对手的信息等。

在了解到这些市场信息后，销售人员要对其进行有效整理、分析，形成自己的销售心得，将这些心得反馈给公司，更重要的是将之运用到与客户的沟通中，推进销售进程，以达到早日完成交易的目的。

对销售人员来说，了解有关产品的法律知识也是必不可少的。当销售人员完成了一笔交易后，就要涉及法律所规定的权利和义务的承担，即销售方和客户的法律关系。如签订合同的基本原则，合同内容的规定是否适当，合同的变更、解除以及违约的界定、赔偿等。因此销售人员要了解相关的法律知识。

2. 升级为解决问题的专家

由于产品形形色色，五花八门，顾客不可能都了解，这个时候，销售人员的推荐就显得十分重要了。这种专业化推荐进一步发展就变成了专家式销售。

在专家式销售过程中，销售人员需要成为客户信赖的业务顾问，为他们排忧解难，提供产品使用的一切咨询。比如卖家具，这种专家式销售的程序通常就是销售员要上门帮助客户测量、设计家具摆放的方案，然后再听取客户的意见，最终形成一个完整的方案。

再比如卖收藏品，销售人员需要了解所售收藏品的历史、制作、价值、影响、鉴赏、保存，还有再流传等相关知识，总之要尽量使购买者了解到产品相关的一切情况。

众多的销售实践证明，专家式销售更容易获得客户的信赖，进而取得销售的成功。下面这个案例就很好地证明了这点：

传真机面世时，曾遭市场冷遇。因为虽然产品有优势，但由于价格昂贵（大约几万元），所以市场没有打开。一家传真机公司为了打破这种僵局，聘请了业内一位资深销售专家来帮助将传真机推向一个新的领域，从而打开市场。

这名资深的销售专家先是把眼光定焦在传真机上，他准备先吃透产品，然后再去想如何销售。通过研究，他发现传真机有三个特性是当时所有的通信工具都不具备的。他认为他已经找到了突破口。接着他又把眼光投向了客户。他到市场去寻找必须用传真机这三个特性解决问题的客户，然后他找到一家石油公司。

为什么这家石油公司需要用传真机呢？原来这家石油公司有很多海上钻井平台。公司每天都要派直升机去取每天钻井平台采集的石油的相关数据。然后再将这些数据传递给总部，由那里的专家再汇总分析。想一想，取送数据要动用直升机，而且动用的不止一次，因为钻井平台不止一架，可见成本非常高，而且还浪费时间。

获知了这些信息后，这名销售专家非常高兴，他带着传真机样品拜访了这家石油公司的负责人。结果可想而知，石油公司如获至宝，一下子订购了上千台传真机。

这个销售案例是典型的专家式销售案例。它与一般的顾客上门看产品，销售员介绍产品、推销产品不一样，它是在清楚了解产品特征的基础上，主动寻找目标客户，并为客户提供解决方案，最后成功将产品推销给客户。

实际上，专家式销售不单单是在销售一种产品，更重要的是在推销一种解决问题的方案。在这个过程中，销售人员要变成产品和解决问题的专家，帮助客户解决现实中的问题。

专家式销售模式对销售人员提出了更高的要求。首先，销售人员要深入了解产品的相关情况，以便可以随时为客户提供咨询和其他方面的支持。

其次，销售员还要了解产品的目标客户，具备甄选与分析客户的能力。还要能根据不同类型的客户，提供其满意的解决方案。

最后，还要求销售员有较高的销售技巧。专家式销售员属于高级销售员，通常要求其有较高的素养，能够和客户聊得来，能够取得客户的信任，能够圆满解答客户关于产品的一切咨询。总之让客户感觉对方是一个真正懂产品，又懂服务，还懂人情的高级销售人员，只有这样才能令交易顺利进行下去，直至交易达成。

3. 使用销售工具增强说服力

有人把销售工具比喻为调料，认为没有它，食物可以照吃无碍，但有了它，食物却会更有味。这个比喻是恰当的。对于销售人员来说，没有销售工具的辅助，销售不一定不成功，但如果有了销售工具的辅助，则会大大提高销售的成功概率。可见销售工具并不是可有可无的，而是不可缺少的。

销售员有效地利用销售工具，一方面可以唤起客户的注意力，勾起他们的好奇心，另一方面可以为自己的销售提供诸多的便利。看下面这个事例：

韦丹是一家大型建材公司的销售主管。一天上午，他和一个有订购意向的客户面谈。客户对欲订购的产品和服务有一些疑虑。韦丹进行了耐心的解释。尽管韦丹的解释很详细，也很到位，但客户显然没有想好，因此迟迟不肯签约。韦丹下午还要去拜访一个很重要的客户。他看了看手表，时间一点一点在流逝。他心里明白，如果自己再这样跟眼前这位客户熬下去，既耽误了下午的拜访，也不会对这次谈判有什么促进作用。他决定快速打破眼前这熬人的困境。

他又一次看了一下手表，然后站起来对客户说："汪先生，真不好意思，我不得不准备告辞了，因为下午我还要带着合同去跟客户商谈具体细节问题。您看，时间很紧了。"

客户听后也站起身来，伸出手来准备与韦丹握手告别。在握手时，韦丹说道："实际上，我们公司在和任何一个公司合作的时候，都要承担一定的风险。因为如果我们的产品或者服务没有达到客户的要求，那么我们就有可能受到客户的投诉，不仅仅要赔偿，更严重的是会使公司的形象受损。"

听了韦丹的话，客户原先疑虑的心理消除了，他现在想和韦丹再好好谈谈。但韦丹看了一下手表，遗憾地告诉客户自己还有大约半个小时的空余时间，而半个小时的时间已经不能再充分谈论任何细节问题了，只够签订合约。实际上，这位客户和韦丹谈得很顺利，他起初的疑虑都已经解除了，因此，他决定就利用这半个小时的时间和韦丹签订合约。这笔几十万元的交易就这样达成了。

在这个事例中，韦丹就巧妙利用了销售工具——手表，来回转话题，进而激发了客户的购买欲望，顺利达成交易。

通常情况下，销售工具不同，所起的作用也就不同，至于要选择什么样的销售工具要视具体情况而定，一般是要根据客户的需要和当时的情况具体选定。通常情况下，你的销售工具箱不应该缺少下面这些销售工具。

（1）便于携带的样品。如果你所销售的样品很小，很轻便，便于携带，那么在去拜访客户时，最好携带上。这样一方面显示出了你的诚意，另一方面客户见到了实物，会加深对产品的印象。另外，这样也可以让客户更好地理解产品和服务。如果产品过大、过沉，不便于携带，可以携带模型。

（2）精心制作的名片。销售一方面固然是要将产品或者服务销售出去。从某个角度讲，也是将销售者本人“销售”出去，如果能将销售者本人“销售”出去，取得顾客的信任，那么就会与客户建立一种长久的合作关系。因此在与客户沟通时，给客户递上一张精心制作的名片，先将自己“推销”出去，给客户留下深刻印象。

（3）便捷的沟通工具。这里的沟通工具既包括手机、电话、电脑等通信工具，也包括电动车、轿车等交通工具。这些沟通工具可以方便与客户进行沟通，和客户保持随时联系。联系方便及时，沟通畅通无碍，自然会有助于双方的合作先前发展。

（4）一份制作精美的产品资料。销售人员常常遇到这样一种情形：你好不容易见到了客户，可客户似乎很忙，忙得没有时间去听你对产品的介绍，经常说“把你们的产品资料放这儿吧，我有时间再看”。你把你的产品资料放在客户堆积如山的文件堆上，可想而知，如果你的产品资料不显眼，那么极有可能会被淹没在那些如山的资料里。正因为如此，你一定要制作一份精美大方的产品资料，让它能在众多的资料中脱颖而出，吸引客户的眼球，只有这样，你和你的产品才有可能抢先一步，赢得先机。

（5）大方整洁的公文包。公文包也是销售员必不可少的销售工具。一个大方整洁的公文包是销售员身份地位的象征，也是可以引起客户注意的重要道具。因此，销售员一定要将自己的公文包弄得干净整洁，包里的文件放置要有条理，便于及时查找。

总之，销售工具是销售人员不可缺少的辅助工具，是能够为销售起到“画龙点睛”的神来之笔，因此一定要注重销售工具，让它们为你的销售助力。

4. 带着自信去敲门

自信是一个销售人员必备的素质。试想一下，作为一个销售员，你如果不相信自己，不相信自己的产品，又怎么能说服别人相信你和你的产品呢！

实际上，很多的时候，在销售中比拼的就是销售员各自的信念、自身素质、专业技能等。一个信念不坚定，自身素质和专业技能较差的销售员遇到一个有底气的客户通常要败下阵来。相反，一个信念坚定，自身素质和专业技能都很硬的人往往会将顽固的客户说服，最终顺利达成交易。

买卖过程也可以说是销售员和消费者之间思维博弈的过程，谁能成功将对方的思维带入自己的思维中，谁就将是这场博弈的胜出者。在这场思维博弈中，销售人员要想胜利，就要坚守自己的信念，相信自己。即使交易失败了，也不要迷失自己，要一直坚信自己是最棒的。相信自己通常会使事情向有利的方向发展。

泰文出生在美国一个非常贫困的家庭中，他有七个兄弟姐妹。从五岁开始，泰文就开始了工作，他对此毫无怨言。他的母亲告诉他："贫穷并不是上帝的旨意，所以我们的贫穷不是来自上帝，而是来自你的父亲。你的父亲是个极不自信的人，他从未有过改变贫穷的愿望，所以我们就这样一直贫穷了下来。"

这些话深深刺激到了泰文。与父亲相反，他是个十分自信的人，他认为一个人只要相信自己能够做成某事，那他必定会有所成。泰文相信自己一定会跻身富人之列，为此他开始努力追求财富。十几岁时，他接手了一家被拍卖的公司，之后他陆续收购了七八家公司，最终成功跻身富人之列。他在谈及自己如何成功跻身富人之列时，将最大的因素归结为相信自己能成功。他告诉众人："虽然我不是富人的后代，但我可以成为富人的祖先。"他的话给了那些不自信的人以深深鼓舞。

更多的时候，不是你不能做好你的工作，而是你缺乏一份自信，更缺乏一种紧迫感和成功的欲望，所以你一直平庸。

同自信一样，热情也是一名优秀销售人员所要具备的素质。爱默生曾说："缺乏热情就无法成就任何一件大事。"且不论成就什么大事，事实上，如果缺乏热情，甚至连一件普通的工作都做不好，更何况成就大事。作为销售人员，如果不保持对销售工作的热情，不能让自己从内到外散发出活力，表现出真诚与自信，又如何能感染客户，获得客户的信任呢？对销售工作来说，你离成功的远近很大程度上取决于：你是否有火一样的热情，并将这种热情之火投注到你所喜爱的销售工作中去。

热爱销售工作的杨丽不顾家人的反对，辞掉了事业单位的铁饭碗，毅然投入推销人员的大军中。杨丽进入的是一家保险公司，她清楚记得，上班第一天公司副总带着她前往一栋公寓大楼推销保险的情形。

他们的推销活动从这栋大楼最高层开始，一家一户进行推销。年轻的杨丽深深吸了口气，轻轻敲响了第一户人家的房门。屋里传出音乐声，却没有人开门。"不行，像你这样敲门怎么会有人出来。要这样。"一旁的副总一边说，一边走上前去，举起拳头"咚！咚！咚！"敲起了门。敲门的声音要比刚才杨丽的敲门声大了许多。这样的敲门果然很有效，屋里传出一声喝问："谁呀？有什么事？是推销的赶紧走，我们不感兴趣！"显然，这家人已经知道了他们的来意。

那天，杨丽和副总整整跑了一天，却没能成功进入一家门。有些人出于好奇，打开房门跟他们聊了几句，但最后都以不感兴趣或者我们考虑考虑再说将他们打发走。杨丽想起自己以前安逸的工作，又想想眼前的窘境，不由得有些心灰意冷。但令她感到好奇的是，不管遇到多少次闭门羹和无礼对待，副总的脸上始终不变的是自信的表情，她不禁好奇地问副总：“我们遭到了这么多拒绝和无礼对待，您却无动于衷，您不感到沮丧吗？”

副总意味深长地说：“对大多数人而言，成功都不是那么容易的。因此，你要学会去接受拒绝，今天你被拒绝了，明天你依旧要以饱满的热情继续你的工作，不但不能沮丧，相反要以更饱满的热情去实现你的目标。这就是销售。记住，只要有了好的开头，胜利就在不远处。”

第二天，杨丽又敲了几百家门，吃了几百次闭门羹。慢慢地，自信地敲门变成了一种自得其乐的游戏。凭借着自己对销售工作的热情，最终在不断敲门的第二个星期，终于有人买了一份保险。杨丽继续她这种推销方式，慢慢地她了解到有些人实际上不是不需要这样的服务，而是他们不喜欢以前那种没有热情和自信的推销员的推销方式，因此，她决定重新回过头去敲那些已经敲过的门。最终杨丽以自己对这份工作的热情迎来了那些人家的喜欢。她成功了。

带着自信和热情去工作是获得成功的前提条件，尤其是销售这行，面对形形色色的客户，如果你没有强烈的自信和饱满的热情，如何能感染客户，如何获得他们的信任，进而将产品销售给他们？

5. 好销售，要走好销售“七步棋”

销售过程是一个与客户打交道的过程，这个过程看似简单，但其中却包含很多基本功和技巧。正如下一盘棋要走好几步，想要把产品推销出去，就要走好销售技能的“七步棋”。

第一步，结识客户。结识客户是销售活动的开端，没有客户，销售只是一句空话。结识客户有多种方式，每种方式各有其不同的特点，但无论哪种方式，在结识时，销售人员都要带着一颗诚挚的心和热情的态度与之交往。待人以诚、待人以真才能换来对方的信赖，提高成功的概率。

第二步，帮助客户了解产品。销售员的目的是将产品销售给客户，因此帮助客户了解产品是非常重要的一环。这包括了解产品的构成、用途、性能、质量、价格等。如何帮助客户了解产品呢？通常情况下，销售人员要将产品的各个方面的情况具体讲给客户。很多时候，客户给销售员留出阐述的时间有限，所以，销售员要学会在短暂的时间内用简明扼要的语言将事情讲清楚。

第三步，赢得客户信任。产品介绍完了，就要设法赢得客户的信任。只有客户信任你了，你才有可能将你的产品卖给他。要想赢得客户的信任不是简单的事，可能需要一个过程，作为销售人员，需要做的是加强自身的修养，提高专业素质，保持与客户的友好沟通，适时运用一些必要的人际交往技巧，逐渐取信客户。

第四步，引导客户购买心理。客户即使了解了产品，对你也产生了信任，但也未必一定会购买。因为客户的购买心理千变万化，很复杂，可能仅仅因为别人的一句话就改变了主意，也可能因你的一个表情改变了主意，这都是很正常的。

一个优秀的销售员要善于察言观色，及时发现客户的心理变化以及面部表情，并且要及时采取措施应对这些变化，以引导客户的心理，向有利于销售的方向发展。

第五步，让客户及时做出选择。成功让客户有了购买欲望，你以为这时候就万事大吉了，客户就会购买了吗？不一定。客户即使有了购买欲望，往往在决定购买时也会显得很犹疑，因为还会有一些因素在扰乱着他们。他们时常在想："会不会有质量更好、服务更佳的产品?""产品质量说得过去，价格会不会还是有些贵?""这样的东西我真的需要吗？"等等。这个时候，作为销售人员就要摸清客户的这些心理变化，采取相应措施，让客户及时做出选择，免得夜长梦多，失去生意。

第六步，打消客户的后顾之忧。对产品的后顾之忧主要来自对产品售后服务的担心。如何才能有效消除客户的这种担心呢？这时，销售员要针对客户的疑问，予以专业的解答。解答要全面到位。要按照企业有关规则和产品说明书进行说明。既不能夸大其词，糊弄客户，也不能含混其词，让客户不明白。

第七步，让客户做出购买行为。这是最关键的一步，成败在此一举。这一阶段，有的客户依然会显得犹豫，作为销售员要做好应对意外情况的精神准备，保持饱满情绪，用坚定的信念和巧妙的技巧战胜各种阻碍，一直到客户签单为止。

上述的七步并不是每次交易都会经历到。客户有不同类型，产品也有其独特的因素，所以不能一概而论，要灵活应对，更不要抱着只要依靠这七步就能搞定一切客户的想法。只能说只要熟知并善用这些推销技能要点，并结合其他销售策略，就能将交易一步步推向前。

第八章
要做好生意，更要做好朋友

很多产品都是卖给朋友的，这已经不是生意圈里的秘密。事实确实如此，生意场上，“人情生意”从未间断过。“先做朋友，再做生意”的营销模式符合现代的人情世故。当客户是朋友时，想想生意还难做吗？如何让自己与客户的关系密切起来，与客户成为朋友，显然是还未深谙此道的销售员要学习的一门必修课程。

1. 既要做生意，更要做朋友

在生意场上有一句话曾经很流行，这句话是这样的："先做朋友，后做生意。"在心理学上，这被称之为"友谊因素"，即客户会不会从你这里购买产品，与你是不是他信赖的朋友有很大的关系。如果你们是朋友，你会真诚地为他着想，在他需要购买某产品时，他会首先想到你。

针对这个习惯问题，美国推销大王坎多尔福曾深有感触地说："推销工作98%是情感工作，2%是对产品的了解。"这句话虽然夸大了客户喜欢从朋友那里买东西的习惯，但从很大程度上却道出了人们的这种倾向。深谙此道的销售员在开展自己的销售工作前，通常会找时间进行这种情感投资，先做朋友，再谈销售。这种情感投资多半会有丰厚的回报。

美国阿肯色州有一家证券公司的推销员想说服一位老太太购买自己公司的一些证券。为此，他隔三差五去拜访老太太，跟老太太聊天，陪老太太散步。很快，他们成了朋友，老太太想聊天的时候会想到他，想散步的时候也会想到他，每次他都不爽约。除了散步，他们还常常一起喝茶，或者谈些投资方面的事。

可遗憾的是，不久老太太离世了。这个销售员认为自己虽然没能在老太太身上做成生意，不过自己也算是老太太的朋友，共度过一段美好的时光，所以他决定坚持前往参加老太太的丧礼。当他抵达葬礼现场时发现，作为竞争对手的另一家证券公司竟然送来两只花圈，他感到迷惑不解："难道老太太买了那家的证券？"

销售员的这个迷惑一个月后得到了解答。老太太离世一个月后，老太太的女儿来到这个销售员所在的证券公司找到他。见面后，她告诉这个销售员自己就是另一家证券公司某分支机构的一位经理的妻子。下面这段话是她跟这个销售员讲的：

“我知道您与我母亲熟识并有着较深的友谊，您给我母亲的名片被我母亲很好地保存着。名片上写着一些关怀的话曾让我的母亲很感动，也很让我感动。我母亲不止一次跟我谈起过您，说与您聊天、喝茶，还有散步是她生命最后时光里的一大快事。因此今天我特地前来向您致谢，感谢您曾陪伴她度过这么快乐的一段时光。”

说完这些话，老太太的女儿深深地给销售员鞠了一个躬，眼含热泪说道：“非常感谢您给予我母亲的这份友情，为了答谢您的友情，我瞒着丈夫想通过您购买贵公司的债券。我带来了30万现金，咱们按照程序签个合同吧！”

促成这个交易的因素是什么，很明显就是销售员先期所做的情感投资。他和老太太的友情是这单生意达成的最主要因素。

这个事例告诉销售员在与客户打交道的过程，要暂时抛开交易，先与客户拉一条情感联系的纽带，与客户交朋友。如果你能成功地与客户拉上一条情感纽带，与客户做了朋友，在客户有需要时，愿意为他们的最大利益着想，他们就会成为你最好的潜力客户。

经过多年的磨练，乔·吉拉德积累了丰富的销售经验，下面是他的一次成功的销售经历，看看能从中受到什么启发：

一天，乔·吉拉德在他所负责推销的汽车展厅迎来了一位中年女客户。这位女客户一进来就直接跟乔·吉拉德说她想看看福特车，颜色最好是白色的，因为她对白色的东西情有独钟。她还说她的表姐拥有一辆白色的福特车，车看起来很时尚。她又告诉乔·吉拉德，她是从对面的车行过来的，那里现在没有她想要的白色的福特车，那里的推销员说过一个小时会有，而她就先四处看看。最后，女客户还透露了一个信息：“今天是我生日，我希望可以把这辆车买来作为自己的生日礼物。”

“哦，这样，那祝您生日快乐！夫人。”乔·吉拉德立刻真诚地向这位女客户表示了祝福。随后便带着这位女客户去看展厅内的车，他先让女客户自己看一下，然后自己出去了一下。很快乔·吉拉德又返回展厅，对那位女客户说：“女士，您对白色车情有独钟吗？那现在我给您推荐一辆我们的新款汽车，希望您能喜欢。”话音刚落，一位手捧鲜花的女工作人员走进来，满脸微笑地把花递到了女客户的手中，然后说道：“生日快乐，夫人。”

女客户脸上的表情明显惊愕了一下，但很快表现出很感动的样子，看样子眼泪都快要流下来了。“真是谢谢您，好久都没有人为我庆祝生日了！”女客户的声音略带哽咽，“对面车行的销售员，可能是猜我没有实力买福特车，所以才对我不理不睬的。我想去看看样车，他却让我等一小时，于是我才来你这里的，没想到你们竟这么厚待我。其实我未必一定要买福特车，刚才看的雪佛莱也不错。”说完这些话后，中年女客户爽快地签了购车的订单。

女客户由于感受到了乔·吉拉德对她的真诚关怀而改变了最初的非要买福特车的意愿，而选择买了乔·吉拉德所销售的雪佛莱。乔·吉拉德销售成功的方式不是花言巧语，更不是阿谀奉承，而是暂时抛开交易将客户当作朋友，拉近了彼此的距离。换句话说，他巧妙地满足了客户的情感需要。

成熟的销售理论都极力推荐这种“情感营销”的策略。“情感营销”就是把客户不同的情感需要作为销售活动的出发点，根据其情感需要制定具体的销售方式来推销。这种销售方式注重的是销售员和客户之间的情感互动，可以通过各种形式来实现这种互动，比如推心置腹的交谈，举办联谊会等。

这种销售活动的优点是销售员能通过此类活动，增进双方之间的了解。在这个过程中，销售员通过沟通了解到客户的情感需要，在恰当的时机给予满足。这样双方的友谊会更进一步，关系也会更亲密，客户对销售员会更加产生信赖，销售就可以顺利地进行下去，有时候甚至不需要过多的周折就可以达成交易。

2. 让他找不到拒绝的理由

买卖双方是利益上的一对矛盾体。作为销售人员，如果想把产品卖给客户，从客户那里得到利益，就要先想想如何与客户搞好关系，关系搞好了，客户也就愿意掏腰包成全你。主动并善于与客户拉关系是搞好销售工作非常重要的内容。

业绩好的销售员从来都是那些主动并善于与客户拉关系的人。这样的销售案例屡见不鲜。

江峰所住的小区有几家小超市，小区内有，小区外门口也有，一天他去小区外门口的一家超市买衣架。这个超市并不是离江峰家最近的超市，走过去有些远，因此江峰只偶尔去过几次。在付钱时超市老板娘顺口问了句："怎么没见你爱人过来?"

江峰没有多想，顺口回答说："她生病了。已经几天没上班了。"

晚上，有人按门铃，江峰开门一看，竟是那家超市的老板带着一篮水果来探病了。

这份情谊让江峰夫妻很感动，于是这家离他们并不近的超市成了他们家的购买基地。

再看下面这个事例：

一名销售化妆品的销售员疲惫地敲开了这一家的门，开门的是一位30多岁的女性。

销售员马上脸带笑容自报家门："您好，我是某某化妆品公司的销售员。我们公司现在生产出一种适合咱们北方女性的新型化妆品，您有没有兴趣试用一下？"

"现在不行，我这儿有事，正烦着呢！你……"主人有些不友好地说道。

主人的话还没说完，屋内传来了孩子的哭闹声。于是，销售员趁机问："孩子在哭闹吗？也许我可以帮得上您这个忙。"

"我儿子调皮，把开水的杯子弄洒了，烫伤了脚。我想送他去医院处理一下，可他不去，也不让人碰他，你说这怎么办？真烦人。"女主人有些气急败坏。

"哦，真是凑巧，这个忙我还真能帮得上您，因为我曾经做过几年的护理工作，会处理一些常见伤。如果您能相信我的话，我非常愿意帮忙。"

女主人看看销售员脸上的微笑和眼中的真诚，打消了心中的疑虑。她打开里面的房门，让销售员进到屋里。在销售员亲切的笑容和温柔的话语下，这家女主人的儿子变得乖巧听话，配合妈妈和销售员处理好自己的烫伤。

在销售员告别这家女主人和她的儿子时，女主人叫住了她，让她介绍一下她所推销的化妆品。销售员介绍完之后，女主人没有说什么，而是爽快地掏钱买了一套化妆品。

其实，销售员在与客户打交道的过程中，看准时机，主动与客户拉关系，或投其所好，或急人所急，解决他们所面临的难题，这样的情感投资必定会为后面的销售活动有所裨益。

不管用什么方式，真心实意地对待客户是根本。销售员用真心换得了客户的真心，双方就会成为朋友，关系拉近了。日积月累，朋友多了，销售也就越来越顺利了。

菲力先生是与福特同时期的著名企业家，他的公司生产出一种储气量大，且不易脱落的新型轮胎。他听说福特公司同时期研制成功一种适合普通家庭使用的价格便宜的汽车。于是他就去拜访福特公司的创始人福特先生。

一见面，菲力先生开门见山道明了来意："福特先生，我公司生产的新型轮胎正适合贵公司新研制成功的新汽车。"

福特当然事先也知道菲力公司生产出了新型轮胎，可他却拒绝了菲力："我的汽车物美价廉，不是那种豪华跑车，用不起你那好轮胎。"

菲力说："据我所知，您的汽车很适合用我的轮胎。"停了停他又说："福特先生，您要知道，我的这种新轮胎，别人听都没听说过，更不要说看过了。因为我与您关系好，所以才主动给您送上来了。"

福特听菲力这么说，就派人对这种新轮胎进行了试验，试验结果表明，菲力公司的这种新轮胎确实很适合自己的新汽车。但他依然拒绝了菲力，理由是菲力的报价有些高。

菲力没有放弃，继续劝导福特："您是我敬佩的人，我私下认为，我们是好朋友，所以我就以最低的价格——成本价，供应给您吧，如何？"

到这个时候，福特自然无话可说，爽快地签了合同。

福特在事后曾感慨地说："这次交易之所以能够顺利达成，主要是靠菲力先生真心诚意的态度，从头到尾，他都在用一种主动谦和的态度与我沟通，我找不到拒绝合作的理由。"

3. 微笑就是你最好的名片

在销售活动中，微笑是一柄利器，运用得好，无往而不利。这一点销售人员应该有所体会。微笑更是一张给客户最好的名片，这不难理解。如果客户面对的是一个脸上始终挂着微笑的销售员，他会认为这个销售人员有着健康阳光的心态，有着积极向上的敬业态度，由此对交谈抱有期望和兴趣。

销售大师原一平是这方面的表率，他的笑容被誉为“值百万美元的笑容”，他很好地利用了自己这张特殊的名片。

原一平个子不高，年轻时候的他曾因为自己个子矮而苦恼不已，也曾抱怨过命运的不公。可是抱怨又有什么用，也丝毫改变不了事实，就这样带着这种苦恼，原一平走上了工作岗位。

事有凑巧，有一次原一平与所在的保险公司的老总高木金次先生进行了一番交谈，这次交谈改变了原一平的精神面貌。高木金次是一名资深的销售专家，他和原一平有着共同的特点，那就是他也个子矮小。他对原一平说了这样一番话：“个子高、身体比例好的销售员，在销售中确实占有优势，容易让客户对其产生好感，给客户留下好印象，但它只是个先天的优势，仅此而已。个子矮小的销售员如何给客户留下好印象呢？那就是利用微笑，发自内心的微笑，以微笑来征服客户。除了微笑，没有别的办法。”说到这里，高木金次先生脸上露出了微笑。那一刻，原一平被深深打动了，他被这种微笑征服了，似乎明白了其中的真谛。

这次谈话过后，原一平开始了微笑的训练，并最终成了一个脸上始终挂着微笑的讨人喜欢的销售员。多年过后，原一平总结微笑的魅力时说道："微笑的力量很大，如果你对客户冷冰冰、皱眉头，那么客户对你也会冷冰冰，皱更大、更深的眉头。但如果你给客户一个微笑，客户将会给予你丰厚的回报。"

经过多次实践，原一平得出一个"坚定不移"的结论，那就是一定要将最美、最灿烂的微笑留给客户。客户看到销售员发自心底的微笑，心情就会进一步放松，进而与销售员建立起一种亲近的关系，也才会与销售员作深入的交谈和沟通，交易在这种情况下才会有可能达成。

纽约一家大型百货公司的经理说，他宁愿雇用一个有可爱笑容而没有念完中学的女孩，也不愿雇佣一个只会板着冷冰冰面孔说话的大学博士。

话虽然有些夸张，但却可以从中看出微笑在销售中的重大作用和影响力。

美国著名的保险销售家弗兰克林·贝特格曾说，他在许多年前就发现了微笑的奇妙作用。所以他在进入客户的房间之前，总是停留片刻，想想令自己高兴的事，然后脸上就展现出由内而发的开朗的微笑，此时才敲门去见客户。

实际上，很多销售员都已经认识到真诚得体的微笑很多时候要比自身具备的超强工作能力还具价值。他们认为微笑通常会起到下列几方面的作用：

（1）产生吸引人的魅力。面露真诚得体的微笑，一定程度上表明其心存善念，充满阳光，且有积极的人生态度，这样自然吸引人。

（2）容易得到他人信任。面露微笑，一定程度上表明对自己的能力有充分的信心。对自己有信心的人，也容易得到他人的信任。

（3）利于创造一种融洽气氛。经常展露笑颜的人，给人一种亲切感、随和感，利于创造一种宾主和谐融洽的气氛。

总之，销售员要利用好微笑这张最好的名片，利用它拉近与客户的距离，为自己的销售创造有利条件。

4. 认真倾听客户的抱怨

在一次选拔各片区销售经理的考核现场，一个面试官告诉每个面试者他将会讲一些东西，希望他们认真听。随后这个面试官开始了自己的讲授。几分钟后，一个人旁若无人地走进考核现场，自顾自地忙一些事情，很多面试者都被这个人吸引住了，而面试官没有理会这个人，而是继续讲授。几分钟后，面试官的话讲完了，他让每一个面试的人复述一下他刚才所讲的内容。这时参加面试的人都惊呆了，因为他们刚才并没有注意听面试官在讲些什么。只有少数几个人能够轻松复述出面试官刚才所讲述的内容。考试结果自然是那些没有注意听讲的人被淘汰掉，而那几个可以复述出面试官所讲内容的销售人员得到了这份工作擢升。

从这件事中，可以看出专注倾听是专业销售人员必备的素质。

有一位房产销售人员，一次，他的一位同事介绍他去拜访一位曾经从他们公司买过一套房产的客户。见到这位客户后，这个房产销售人员按照一般见客户的程序先递上一张自己的名片，并说："您好，我是A房产公司的销售人员，我叫……"没想到，介绍还没完，对方就打断了他的话。客户开始滔滔不绝地数落起他上次从A房产公司买房时受到的种种不公遭遇。什么报价不实、赚差价、服务衔接有空档等，一大堆的埋怨。

面对客户滔滔不绝的抱怨，这名销售人员没有继续说，也没有与之争辩，而是静静地在一旁认真地倾听。终于，这个客户把抱怨的话说完了，稍微喘息一下时，才发觉这个销售人员不是之前为他服务过的人，而对方正笑吟吟地听自己在抱怨，于是有些不好意思地说：“你好像不是之前那个销售员，那不好意思了。正好我还需要买一套房子，你有没有地段好的房子推荐给我？”

销售人员也没有就刚才的事再发表任何评论，而是拿出了精心准备的房产目录。一个小时后，这个客户从这个销售人员手中定下了一套房产。交易就这样顺利完成了。

乔·吉拉德是美国著名的销售大师，他曾负责销售一种品牌的汽车，一位在当地很有名的企业家想买这种品牌的汽车，于是他找到乔·吉拉德，让他给推荐这种品牌汽车的几种车型。乔·吉拉德像往常一样接待了这位客户，给他做了最详细的产品介绍，并推荐了几款他认为最好的车型。

在乔·吉拉德看来，这个交易应该会很顺利，可是这位企业家听完他的精彩介绍后，并没有表示出购买的意向。这个结果大出乔·吉拉德意料，同时也让他失望不已。

当天晚上，乔·吉拉德想来想去，想得脑袋都疼了，还是想不出问题出在哪里。他决定一定要找到一个合理的答案，他拨通了那位客户的电话：“先生，我是乔·吉拉德，今天给您介绍爱车的销售员，请问您今天有满意的车型吗？”

“有的，我对其中几款车型比较满意。”那位先生说。

“但是您为什么没有定下来呢?”乔·吉拉德问道。

“现在已经很晚了。我要休息了。”对方显示出不耐烦。

“哦，非常抱歉。先生，我恳求您告诉我一下原因，好吗？这对于一个失败的销售员来说，是非常重要的。”

“你真的是这么认为的吗？”

“千真万确，先生！”

“好，你在听吗？”

“嗯，你说，我在听，非常专心地听！”

“但是在白天销售现场，你并没有专心。”那位先生继续说道。他告诉乔·吉拉德他原来是打算要买一辆这种品牌汽车的。他比较喜欢这种汽车，而且有几款车型也符合他的需要，质量上也没有什么别的问题，但是在最后一秒钟他迟疑了。因为他发现乔·吉拉德对他所讲的话并没有多大的兴趣，他认为乔·吉拉德对他不尊重，没有用心听他的话。因此他决定暂时不从这个销售员手里购买这种汽车。

乔·吉拉德仔细回忆了一下，白天的事情确如那位先生所说那样。当时，他的心思全在另一位推销员身上，因为那个推销员讲的笑话很有趣。

在很多人看来，这似乎有些奇怪，因为客户是来购买东西的，何必如此在乎销售人员听不听他的话呢？他讲的话和产品如果有关系，尚且可以让人理解，但是如果没有什么必要的关系，听与不听又有什么关系呢？其实，这种观点是错误的，因为客户需要被关注，关注的方法就是要主动倾听客户说话。

因此客户在表述自己的看法时，尽管有时候客户的这种表述和这次交易没有太大的关系，销售员也要认真聆听，以满足客户需要关注的心理需求。可能这一点过于简单，导致很多销售员都将其忽视了。实际上这一点很重要，因为只有客户乐意谈话，销售活动才可能继续进行，如果只有销售员自己在那滔滔不绝，绝大多数销售活动是不会成功的。乔·吉拉德就是忽视了那位企业家需要被关注的心理需求而错失掉了那笔生意。

学会主动倾听客户的倾诉，会使对方产生被尊重的感觉，并由此产生亲近的心理，进而为下一步的友好沟通打好基础。

那么怎样才能做到主动用心聆听客户的话呢？首先表情一定要很专注，可以时不时地用“嗯”“哦”等回答表示你在专注地听客户的话，也可以适当发问或者对其谈话的内容进行重复。这样的表现会表示出你的诚恳态度，客户内心自然就会得到满足，认为自己得到了关注，合作的机会就会变得很大。

听客户说话，主要听什么呢？通常要“听”客户谈他们的理想，谈他们的需求以及高兴或者不高兴的事情。在听这些事情的基础上把一些关系到销售的信息迅速整合，最好能够发掘出客户没有表达出来的想法，再给予补充或者采取一些补救措施。最后将这些信息应用到销售中去。这样会使销售变得更加顺畅，甚至可以扭转不利局面。

5. 你要知道，他的内心很纠结

在销售中，有些客户在购买产品时，心理是复杂的。买也可以，不买也可以，挺纠结的。但如果迫于某种情结，最后只能是买。如果销售员能做到让客户不买东西就感到不好意思，无疑会成为这场交易的赢家。

从范畴上讲，让客户不掏腰包买东西感到不好意思是销售员情感投资的一种回报结果，也是客户投桃报李的一种“被迫”行为。

张婷在一家大型文具店做销售员。家长和孩子是这家文具店的主要客户。在销售中，张婷总能把大人和小孩招待得高高兴兴。

相对于别的销售员，张婷非常善于处理销售中遇到的难题。在买文具的时候，经常遇到的情况是大人和孩子的意见不合。通常是孩子看上的东西，大人觉得不划算，不愿意掏腰包，而小孩子就要哭闹。在这个时候，张婷总是能够妥善处理。

“妈妈，看这块橡皮多好看，我要买一块。”一个小姑娘举着一块米奇老鼠的橡皮给妈妈看。

“你不是已经有橡皮了吗?”

“是啊，我是有一块。可是美妮一个人太寂寞了，我要买一块米奇给她做伴。”小姑娘这样对妈妈说道，她购买的理由似乎还挺充分。

“嗯，那好吧。”妈妈沉吟了一下，终于答应了小姑娘的请求。

小姑娘见妈妈同意了，非常高兴，在店里穿来穿去。

“再给我拿5本算术本。”小姑娘的妈妈对张婷说。

张婷将5本算术本递给小姑娘的妈妈。这时小姑娘又兴奋地冲到妈妈的身边拉妈妈的手：“妈妈，妈妈，我看中了一个铅笔刀。”

“什么铅笔刀？我们不能再买东西了，而且铅笔刀你不是有吗？”

“我是有一把铅笔刀，可是我非常喜欢这个天使铅笔刀，买给我吧，妈妈。”小姑娘将妈妈拉到一个货架前，指着一个精致的天使铅笔刀。

“不行，我们不能再买东西了。你要米奇老鼠橡皮呢，就不能要这个，要这个就不能要米奇老鼠橡皮。”妈妈说道。

“不，这两个我都要，哪一个我都不能放弃。”小姑娘耍起脾气来，性子很执拗。

“那就两个都不买了！”妈妈生气地说。

听妈妈说这话，这个小姑娘大哭起来，并躺在地上不起来。

“好了好了，小美女，不哭了，哭就不是小美女了。这样，阿姨把这个橡皮擦送给你，而你要乖乖听妈妈的话好吗?”张婷见此情形，从柜台里面转出来，蹲下身子扶起小姑娘。

“这不太好吧，怎么好意思要您送东西呢？”

“没关系，宝贝喜欢嘛，再说您经常照顾我们的生意，东西不贵，就送给她好了。不过小女生可不能在外面满地打滚，那多不符合我们小美女的形象啊。”说着，张婷刮刮小姑娘的鼻子，小姑娘被逗笑了。

“小孩子不懂事，让您见笑了。谢谢您的好意和您的橡皮，那我再给她把那个铅笔刀买了吧。”小姑娘的妈妈对张婷说道。

“嗯，好的。”张婷说道。

买完天使铅笔刀后，小姑娘牵着妈妈的手高兴地离开了。

在这个案例中，销售员张婷在基本不影响利润的情况下给了客户一些好处，让客户感到有些不好意思，感到不买东西有些对不住对方，本来不想购买的东西因这种情结而最后购买了。销售取得了成功。

人是讲究情感的，而且许多人都有一种“好面子”的情结。在购买活动中，有一些客户可能会因为一些因素，徘徊在买还是不买的“十字路口”。这个时候，销售人员不妨大方一些，在对基本利润影响不大的前提下，给对方一些好处。对方会感到不好意思，觉得不能这样白拿人家东西，多半会掏腰包购买产品的。这样销售员也就达到了销售的目的。

第九章 精心推荐，激发客户的需求

客户的购买欲望不是凭空产生的，多半是在销售员精心推荐产品的情况下被激发出来的。有了购买欲望，购买行为才容易发生，可见激发出客户的购买欲望是非常重要的。如何推荐才能有效激发出客户的购买欲望，不但是方式方法的问题，还是个心理认知的问题。

1. 诊断客户需求，提供最佳建议

一名优秀的销售员在展开销售活动前，应该先要摸清客户的需求心理。这样才能根据客户的购买意图采取适当的销售方法，做到有的放矢，销售工作就会因此顺利进行下去。

一家经营办公用品的专营店来了一位看上去挺有钱的阔太。阔太把目光锁定在店里摆设的办公椅上。她看了看，又摸了摸两款办公椅后，问销售人员："这两款办公椅售价一样吗？"

销售人员立刻轻步迎了上去，微笑回答道："不一样的，太太，您看这种办公椅，售价是800元，而它旁边的那把售价是1500元。"

阔太又说道："我是想给我的先生挑选一把办公椅。你能告诉我，这两把办公椅看上去差不多，为什么售价却相差那么多吗？"

销售人员没有直接回答阔太的问话，而是说道："太太，您先上去坐一坐，亲自体验一下，然后我们再来讨论。"

阔太遵照销售员的建议分别在两把椅子上坐了坐，下来后，脸上充满了不解："我倒觉得那把便宜的办公椅坐上去感觉更舒服，而那把售价高的椅子硬邦邦的。如果我感觉没错的话，我就更不明白那把售价高的椅子到底贵在哪里了。"

听了这名阔太的话后，销售员微笑着回答道："您之所以感觉这把售价高的办公椅坐上去硬邦邦的，是因为它内部的弹簧数量要比那把便宜的弹簧数量多。虽然那把售价高的椅子刚坐上去感觉有些硬邦邦，但它完全是依照人体科学设计制造的。我猜您的先生一定是位老板，长期坐办公室。”

听到这里，阔太默然地看了销售员一眼，没有说什么。销售员更加认定了自己的判断，继续说：“正由于这种椅子是依照人体科学设计制造的，因此，即使您的先生长期坐在上面也不会感觉累。另外，由于这种椅子内部弹簧数多，不易因为长期受压而变形，也就不会影响您先生的坐姿。您知道，长期坐办公椅的人常常会因为坐姿不正确而导致脊椎骨侧弯或其他形变，难免落下腰痛、肩膀痛等毛病。这款办公椅就杜绝了这种现象，不但不会影响人的坐姿，还会有助于纠正不良坐姿。还有，这款椅子除了是依照人体科学设计制造外，它的用料和工艺也是非常好的。您来看，这个旋转支架是纯钢的，是目前最先进的产品。它的使用寿命是普通支架的两倍，同时，还不会因长期转动或承受重量而产生松动、脱掉等现象，非常安全。”

看阔太思考的样子，销售员又说：“当然，那把售价800元的办公椅也是不错的，但在对人体健康长远影响方面来看，显然是比不上这款办公椅。您是为您先生挑选办公椅，您觉得哪一款更有利于您先生的健康呢？”

经过思考后，阔太买走了那款售价1500元的办公椅。

客户购买商品的心理需求是很复杂的，甚至是千差万别的，不同的心理需求左右着他们的购买行为。所以，优秀的销售员在正式开始推销产品前，总是要通过各种方式探知客户的需求心理。只有明确了客户是因为何种需求而准备购买某种产品后，才能采用合适的销售方式将产品成功销售出去。这个案例中的销售员就在与客户的交谈中，明确了客户的购买需求，采取了准确的销售方式，从而成功销售。

王健是深圳一家计算机软件公司的销售员。他这一段时间心情郁闷，只因为销售工作进入了困境。他在为客户介绍产品时很认真，特别是关于产品的优势，他更是给客户讲解得很详细、很精彩，可以说很有诱惑力。但客户却偏偏不买账，丝毫没有表现出购买的意图。

一周一周下来，王健身心疲惫。身体的疲乏尚可忍受，心灵的疲倦让他倍感难以忍受。一天他无精打采地来到一家餐馆就餐，无意中，对面餐桌发生的一幕引起了他的注意。对面餐桌上，一位女士带着一个男孩和一个女孩在就餐。那个男孩子很胖，吃起饭来速度很快，看他吃饭的模样，很是享受桌上的美食。那个小一点的女孩很瘦，吃饭却是另一番情形，她慢慢嚼着饭，并用筷子将盘子里的菜拨来拨去，一看就是个挑食的孩子。

带他们的女士显然很生气，她不停地说那女孩："你这样不对，挑食是一个很不好的毛病，菠菜很有营养，要多吃一些。"可是小姑娘无动于衷，好像没有听到这些话似的，依旧将菜拨来拨去。女士显得很无奈。

王健忽然觉得那盘菠菜和自己的软件一样，都是推销不出去的东西，真是同病相怜。想到这儿，王健不禁苦笑了起来。正在这时，餐馆的服务员忽然来到小女孩身边，附在小女孩的耳边低低说了几句话。说完后，只见小女孩就开始吃起菠菜来，一边吃一边还看着身边的小男孩。

这是怎么回事，不但王健觉得奇怪，就连那位女士也不明白那个服务员有什么魔力让不听话的小女孩乖乖听话。女士就问服务员："您到底对她说了什么而让她痛快地吃起菠菜了呢？"

服务员简单地道出了其中的秘密："您经常来我们餐馆吃饭，我发现小男孩经常欺负小女孩。于是我就对小女孩说：'你是不是不想总受哥哥的欺负？如果你吃了菠菜，力气就会逐渐增加，有了力气，你就可以不受哥哥的欺负了。'"

王健听了服务员的解释后，联想到自己推销不出去的软件，有所触动，猛然间他想明白了自己的销售为何总是连连碰壁，现在受此事的启发他知道该怎样将自己的软件销售出去了。

第二天，他又去拜访之前的一个客户，见到客户后，王健一改以前一见到客户就介绍自己销售的软件的属性以及夸耀该软件有多好用，有多方便的方法，而是先向客户问了几个似乎与销售不相关的问题："李总，咱们已经打过几次交道了，算是朋友了，您能否告诉我，你们公司目前遇到的最大问题是什么？还有您最想解决什么问题？"

客户听王健这样一问，禁不住长叹了一口气，说道："谢谢你的关心。不瞒你，公司目前遇到的最大问题是库存量很大，我目前最想解决的问题当然也就是想减少一下库存，让公司的资金周转率提高。”

王健听了客户的回答后，没有多说什么，只是安慰一下客户后便告辞离开了。离开后，王健立刻回到了公司，请公司的研究人员对自己所销售的软件增设了一套可以减少库存的方案。几天后，这套方案被成功设计出来。

王健再次去拜访那位客户，这次他没有绕来绕去，而是开门见山，直接给客户展示了自己的这套新设计，并说：“李总，这套设计能够圆满地解决您目前最想解决的减少库存的问题，而且使用非常方便。这套新设计是依附在我们公司的这种软件上。因此，只要您购买了我们公司的这种软件，就可以使用这个新设计了。”

客户仔细查看了王健所说的这套设计后，脸上愁云舒展开来，马上表态：“嗯，不错不错，很好很好，很实用，放心吧！你们公司的这种软件我们购买了，现在就可以签合同。”

王健的销售成功了，它明示了这样一个道理，销售人员在销售产品时，一定要先摸清客户的心理需求，了解到客户真正需要的产品或者服务。如果摸清了客户真正的心理需求，再采用适当的销售策略，不用销售员费多大的力气，客户就会自动掏腰包购买。

2. 突出产品的独特优势

客户的购买欲望是销售取得成功的前提条件。如果客户对产品不感兴趣，没有购买欲望，就不会有购买行为。激起客户的购买欲望是销售员的主要任务，但如何才能激发起客户的购买欲望呢？产品的卖点是重要的一项条件。产品的卖点就是产品独特的优势。客户只有看到这种产品相对于其他同类产品的优势，才有可能产生购买欲望。

欣闻是M市某品牌电器公司的推销员。一次，在民政部工作的朋友告诉他，市属养老院要换一批洗衣机。欣闻第二天就前往市属养老院拜访养老院院长陈庆，希望养老院能够订购他们公司的洗衣机。

陈庆院长知道欣闻的来意后，说："这几天已经有好几个电器公司的销售员上门推销洗衣机了。养老院也确实需要购买几台新洗衣机。说实话，我也不知道该买哪种洗衣机。这不正在考虑，你就来了。这样吧，你也给我留一张名片，我想好了再联系你。"

销售经验丰富的欣闻知道，如果自己也像前几位竞争对手那样留下一张名片就离开，这笔生意不知道要落到谁手里。于是，他决定进一步深入了解一下情况，他问："陈院长，养老院原来没有洗衣机吗？为什么还要购买呢？"

陈庆无奈地叹了口气："院里原来有几台洗衣机，但现在养老院的人增多了，不够用了。还有这洗衣机用的年头多了，经常出问题，修理起来既麻烦，又费钱。"

欣闻一下子抓住了商机，他说："是呀，洗衣机修理既麻烦又费钱，的确令人感到头痛。不过，我们公司新生产的洗衣机却大大减轻了这个问题的困扰。”

陈院长露出了质疑的神情。欣闻继续说道：“是这样，陈院长，我们公司新上市的这款洗衣机的保修期不再是一年，而是三年。而且即使过了保修期，如出了什么问题，我们的维修服务人员也会上门服务，费用才是市场价的一半。这是我们这款产品的最大优势。”

陈院长露出了感兴趣的样子，他让欣闻再把这款洗衣机的其他情况介绍一下。欣闻说道：“我们这款洗衣机具备其他同类洗衣机的所有功能，价格也与同类产品持平，但我们的服务是其他同类产品所不能比拟的，非常适合你们使用。”

最后，陈庆院长心甘情愿地从欣闻那儿订购了5台他推荐的洗衣机。

产品最能打动人心的就是它的独特优势，因为客户购买产品就是想利用产品的某项功能帮助自己解决问题，如果客户被产品的独特优势打动了，自然会激发起购买欲望。销售员在给客户介绍产品时，一定要注意强化自己产品的特点。

再看下面这个事例：

乔治是美国华盛顿州一个钢铁公司的总经理，他想为公司买一套房子，于是他找来了房产销售专家赖特，对他说：“赖特，我们公司一直以来都是租住别人的房子，现在我们想买一套完全属于我们自己的房子。至于要求……”说到这里，乔治扭头透过窗户向外看去，继续说道：“我希望我们的新房子也可以看到这样的街景。嗯，一定要这样的。好了，要求就这么一个，您帮我物色一下吧！”

赖特在接了这个任务后，花了很多时间潜心琢磨乔治所想要的房子，他想要求，画图纸，做预算，但是结果都不能让自己满意。

在所有大致符合要求的房子里，赖特认为只有乔治钢铁公司现在租住的房子最符合乔治的要求。因为只有这套房子能满足乔治所说的通过窗户看见街景的要求，但问题是乔治和他的同事希望买一套新房子。

赖特决定再与乔治商讨一下这件事。当他把自己的想法讲给乔治听时，乔治马上表示他和他的同事不会对一套旧房子发生兴趣，因为这不符合他们买房子的初衷。乔治在说这些的时候，赖特没有讲话，只是安静地听乔治讲。他仔细地考虑了乔治的话，又深入思考了一下。他认为乔治想要的房子其实就是他和他的同事所称不感兴趣的现在租住的这套旧房子，之所以他们现在反对买这套房子，只不过因为他们目前还没有明白自己真正想要什么。想到这里，赖特有了信心，也有了主意。

乔治讲完后，赖特问乔治："乔治先生，您能告诉我，您创业的时候，您的办公室在哪里吗？"乔治回答道："在这里。""那您公司成立的地点也是在这里吗？"赖特又问道。

"对，也在这里，就在这个办公室里。"乔治郑重地说道。问到这里，赖特停止了询问，静静地看着乔治，而乔治似乎陷入了思考中，过了好一会儿，乔治突然说："你是对的，这所房子才是我们应该购买的房子。因为就是在这里，我们公司起步发展的，它见证了我们的一切，除了它，没有任何一个地方能够做到这一点！谢谢你，多亏你提醒了我。我决定就买这套房子了，再次感谢你周到的思考。"

赖特并没有采取什么特殊的手段，也没有说些很煽情的引导话语，只不过通过简单的推荐就完成了销售。秘密在哪儿？

赖特成功销售的奥秘在于他推销时突出了产品的独特优势，使客户明白他所推销的产品具有不可替代性。您看不是吗？这套旧房子是乔治创业的起点，是他办公室和公司成立的地点，它见证了乔治和他的同事奋斗的历程，凝结了他们深厚的情感。看见它，就仿佛见到了自己的成功，这就使它具有了不可替代性。赖特正是看准了这一点，然后运用很巧妙的方法唤醒了乔治的心理需求，使乔治明白自己真正想要的房子就是这套房子。

总之，要使销售顺利进行下去，在推荐产品时，就要注意突出产品的独特优势，最好介绍出它的不可替代性，如果做到了这一点，就会紧紧抓住客户的心，牵着客户的鼻子走，最终将产品成功销售出去。

3. 客户能得到何种效益要讲明

通常情况下，如果一个人的衣服旧了或者想换一件更新潮的衣服，他会考虑买一件新衣服；如果需要一部手机才能更好地工作，他会考虑去买部手机；如果他需要一辆车代步，他会考虑买一辆什么样的车子……一句话，有需要的时候，人才会去购买东西。

事实确实如此，人只有在需要的时候才去买东西，并且希望要买的东西能给生活上或心理上带来更多的满足感。因此，当他们购买产品的时候，更关心产品带给他们自身的效益以及能够为他们解决多少问题。这是非常现实的。

用专业的话说是这样的：在购买行为中，从某种角度上说，客户购买的不是产品，而是该产品对自身问题的解决和对自己需求的满足。他们希望用自己的钱去换取销售员手中的“方案和效益”，产品只是这个“方案和效益”的有形载体。

购物是要花钱的，所以没有哪个人会去买不急用或不能给自己带来现实好处的产品。在这种情况下，推销员只有准确判断或帮助客户找出他们想从产品中得到什么效益和解决什么问题，他的销售工作才能顺利展开。用一句话简单来说，就是销售员要明示产品能给客户带来哪些好处。

有经验的销售员都非常清楚，在每单销售中，客户购买或不买产品都有一个寻求自己关心的利益点的过程。这是他们在购买前必须要确认的事情。只有在明确了该产品可以给他们带来某些利益或者能满足他们某些方面的要求时，他们才有可能购买。如果不能确定这个，那他们是不会购买的。

销售人员在这种情况下，就要明示产品可以给客户带来哪些好处，可以帮助客户解决哪些问题，进而说服客户，让他相信如果购买了产品或服务，他就会享有上述的利益，自身生活或心理上的需求会得到满足。

同时，每单销售都有一个关键的阻碍，会导致客户迟疑或决心不买。作为销售人员要清楚这一关键的阻碍，并想办法消除它对客户的影响，让产品给客户带来的好处战胜这一不利影响，最终成功销售。

如果你能确定客户能从你所销售的产品或者服务中得到他所要得到的益处，或者能够解决他想要解决的问题，你一定要通过倾听或提问，把它找出来，然后明确告诉客户你的产品能够给他带来他想要的益处，或者能帮他解决他想解决的问题。

在这种情况下，他还是没有决定下来购买，你可帮他把这种购买实现的好处讲给他听，以促进他下决心。

一位穿着打扮很讲究的先生推开一家服装店的门走了进来。见有客人上门，销售员马上迎了上去。

男顾客告诉销售人员，如果有自己满意又合适的款式，准备买一套西服。

销售员礼貌地问："好的，先生，请问您喜欢什么颜色?"

"我个人认为黑色西服比较适合我!"顾客回应道。

"嗯，是的，先生，我也认为深色衣服能衬托出您的身材和气质。"

"看来我的眼光还是比较准的。"顾客有些高兴。

"款式呢，这一款怎么样？您穿上肯定气度不凡!"销售员建议道。

"哦，看样子是不错!我试穿一下。"

"哇，真帅，正适合您，您认为呢？"

"嗯，我也觉得挺适合的。那就这套吧！"顾客很爽快地说道。

在销售员接二连三的引导式提问中，这位顾客逐渐觉得这套衣服就是最适合自己的，于是爽快掏钱买下了销售员推荐的这套衣服。

在这里，这个销售员通过不断的询问，让客户一步步确定自己的购买意向，最终成功促成了交易。

在明确知道了客户有购买的需求，而对方又犹犹豫豫做不出决定的时候，销售员就可以用这种方法。让对方在你不断的提问中清楚了自己想要从商品中获得什么益处或者想解决什么问题，而且也清楚了可以从你所推销的产品中得到这种效益。这个时候他往往会很快做出购买决定的。因此，销售员要重视并善用这种方法。

4. 让客户对产品产生情感认同

要想让客户购买产品，就要设法引起客户对产品的兴趣来。如果客户对产品感兴趣了，购买的欲望就容易产生，而购买欲望产生了，购买行为也就容易随之而来；反之，则很难达成交易。

这种推断下，勾起客户的购买欲望就成了重中之重。那么如何能够引起客户的购买欲望呢？因素有很多，其中让客户对产品在情感上认同是众多因素中非常重要的一项。

毕畅是商场女性内衣的销售员，她做这行已经有一些年了，对销售女性内衣有着很丰富的经验，销售业绩一直很好。

一次，她接待了一名年轻女性顾客。在礼貌打过招呼后，毕畅没有紧随顾客，而是站在了稍微远一点的地方观察这名顾客。她见顾客停留在一排睡衣前，遂走上前去，微笑着说："小姐，喜欢这类型的睡衣吗？让我给您介绍一下吧！"女顾客抬头看了看毕畅，说："嗯，好吧，你介绍一下吧。"

"好的，这几款睡衣都是百分百纯棉睡衣，是新上市的款式，花色多样，而且穿起来非常舒服。"毕畅边说边拿起几件睡衣，"您看，这几个花色睡衣卖得非常好，有些码号都已经断货了，您看看它们是不是很漂亮？"

"嗯，是不错，但这两种花色，我不知道哪个更适合我，是紫色，还是杏黄色？"女顾客有些兴奋。

"您一般穿多大号睡衣？"毕畅问。

"中号就可以。"女顾客回答。

毕畅仔细打量女顾客，而女顾客也配合地将睡衣在自己身上比画给毕畅看。

“哦，我看这款紫色睡衣更适合您，典雅大方，正配您的气质。”

“哦，是吗？我再试试看……嗯，是不错。”看样子，女顾客似乎很满意。

“我感觉中号有些大呢。”女顾客说道。

“没关系的，睡衣就要宽松一些，这样穿起来舒服。另外，纯棉睡衣洗涤之后会有一定的缩水，这样稍大一些正合适。您说是吧？”

“嗯，是的，我之前穿着正好的睡衣现在穿就小了。”

“嗯，真的不错，那就买这件了。”女顾客爽快地决定了。

毕畅将刚才女顾客试穿的睡衣包好交给女顾客。女顾客交了钱，拿着睡衣喜滋滋地离开了。

顾客离开后，同事问毕畅：“你怎么知道她喜欢紫色那款？”

毕畅得意地回答：“这很简单，你看她身上穿的外套是暗色的，背的包也是暗色的，这说明她对暗色的服装情有独钟。”

“那你又是如何知道她喜欢纯棉睡衣的呢？”同事进一步追问。

“这一点可以从她不张扬但看起来很舒服的装束上看出来的，她一定是一位低调、内秀的女性。总之，让她喜欢它，她就会买它。”毕畅回答道。

“哦，这样。”同事似有所悟。

毕畅成功地让女顾客对产品在情感上产生了认同，最终取得了成功。

要想让客户对产品在情感上产生认同，首先得让自己对产品产生情感认同。销售专家认为，在任何时候都不要怀疑自己的产品，都要对自己的产品有信心，相信自己的产品是最棒的。此外，还要相信自己的产品能够满足客户的需求。

另外，让客户对产品产生情感上的认同感的另一重点就是要在销售的产品和客户之间找到一个连接点，说得直白一些，就是找到产品能打动客户的亮点。如果找到了这个亮点，再将这个亮点凸显给客户，客户自然就会被打动了。毕畅就是因为找到了产品能够吸引顾客的亮点，并将这个亮点凸显给对方，最终取得了销售的成功。

要成功做到让客户对产品产生情感上的认同，需要事先做好准备，并注重提高自身素质。

事先要做好的准备包括一个精彩适宜的开场白。在销售资讯真真假假、鱼目混珠的时期，很多人对销售产生抵触情绪是很正常的，想要在接触客户之初就吸引到客户的注意，一个适宜精彩的开场白是必不可少的。开场白要根据不同的客户而设计，要因人而异。

如果吸引住了客户的注意，那就要想办法让产品引起顾客情感上的共鸣。由于客户的类型是不同的，因此同一款产品对客户产生的吸引力也是不同的，这就要求销售员仔细观察，细心揣摩，找到产品吸引客户的地方，并将客户的情况结合起来，制造出引起顾客对产品在情感上的共鸣的销售制胜点。

除了努力让产品引起顾客的兴趣外，销售人员还要努力提高自身的素质，这也是让客户对产品在情感上认同的一个前提条件。要知道，客户对产品感兴趣，不仅仅是因为产品有吸引他们的地方，而且还因为产品的推荐人——销售员给予他们的服务与帮助，两者完好的结合才会给客户以极大的吸引力。因此，销售员的优异表现能够为产品增加砝码，没有销售员专业、周到、详细的推荐，相信客户也很难对产品产生兴趣，更别说对产品产生情感上的认同。

总之，想要成功让客户对产品产生情感上的认同，一是要从产品方面入手，努力让产品吸引住客户的眼光；二是要从自身入手，积极兼顾自身的塑造。如果能将二者完美地结合在一起，定会唤起客户的购买欲望，并让客户对产品产生情感上的认同，进而极大地促进销售进程。

5. 现场演示+语言引导

用演示产品效用的方式激发起客户的购买欲望，进而达成交易的演示成交法是一种比较传统的销售方式。虽然方式比较老旧，但有些时候依然很有效。在演示的时候，如果再配以专业化的语言进行引导，效果会更好。看下面几个这方面的成功销售案例。

案例1：

何经理办公室的门被礼貌地敲响，何经理说了声“请进”。门被推开，一个衣冠楚楚的人出现在门口，他很有礼貌地与何经理打了声招呼，然后指了指办公室里一块有些污垢的玻璃说：“请允许我替您把这块玻璃清洁一下。哦，您放心，是免费的。”何经理见来人彬彬有礼，就点头应允了。来人快速拿出装有清洁剂的瓶子，对着那块脏玻璃将清洁液喷上，然后又快速用抹布将清洁液拭去。很神奇的是，那些污渍也随着清洁液一同被拭去。

何经理的好奇心被唤起，他主动上前询问起这个推销员使用的是什么新型清洁液。

案例2：

一家铸砂厂的销售人员前去拜访一位老客户，这次他带去了公司新生产出的砂。在老客户的办公室，这名销售人员在简单的寒暄过后，从包里拿出两张报纸，在办公室的地上并排铺好，然后从包里取出一袋砂，并将这袋砂摔在其中一张报纸上。顿时，办公室内腾起了呛人的灰尘，客户有些生气，刚要说什么，只见这名销售员不慌不忙地说：“您先不要急，听我说，刚才那袋砂是目前贵公司正在使用的，是我从你们使用现场取来的。”说完，他从包里又取出来一袋砂，用力摔在另一张报纸上，意外的是，这次却没有腾起灰尘。销售人员接着说道：“这是我们厂新近生产出来的砂，您看如何？”话不用多说，情形很明了，老客户二话没说，立刻和这名销售人员签订了订购一批新砂的购买合同。

案例3：

商场玩具柜台前，一位三十多岁的男性顾客在挑选玩具。只见他拿起一个电动小摩托看了看，又放下。

“先生，您孩子应该只有六七岁吧？”销售员蔡静礼貌地问。

“嗯，刚刚七岁。”顾客答道。

蔡静拿起男顾客刚才放下的电动小摩托，放在地上，然后又拿起遥控器，开始熟练地操纵起来。小摩托车在蔡静手里，前进、倒车、转弯、旋转，非常灵活。蔡静一边操纵小摩托车，一边对这位男性顾客说：“这种智能玩具有利于培养孩子的领导意识，而且还锻炼他们的反应速度。”说着，她把遥控器塞到男性顾客的手里，说：“你试试看，很好玩的。”

男顾客也玩了起来，很快也玩得有些顺手。他禁不住问蔡静：“这个电动小摩托车多少钱？”

“280元。”蔡静回答道。

“有些贵啊！”

男性顾客好像随便说着。

“不贵了，先生，与您孩子的美好未来比起来，一点都不贵，教育投资是最长远、最有眼光的投资，相信您一定明白这个道理。”

男性顾客稍微沉思了一下，然后微微点了一下头。最后，他心甘情愿地买了一个这样的玩具。

通过上面三个销售事例可以看出，现场演示产品做得好，是会起到事半功倍的效果的。

在运用演示成交法时，要注意处理好下列四方面的事情：

（1）事先一定要设计好、排练好演示的动作。专业娴熟的演示会唤起客户的好奇心，引起客户的注意力，同时也可增强客户的购买信心。

（2）演示时一定要注意突出产品的主要性能。客户购买产品，主要是购买产品的使用性能，因此突出展示产品的性能优点是演示的核心。另外，还要兼顾客户的购买需求。

（3）努力争取客户的亲身参与。让客户参与到演示中来，会增强客户对产品的认同感和信任感。因为，无论销售人员如何优秀，客户还是愿意相信自己的实践。

（4）演示的动作和说明的内容要真实。这一要求是从长远来考虑的，是为争取客户的长久支持所做的一项投资。

6. 描述便利性和舒服的体验

美国一名资深的销售人员曾就销售工作中的一个环节做过一个有趣的比喻，他说："如果你想勾起对方想吃牛排的欲望，你可以将牛排放在他前面。这当然会起到一定的作用，但不是最好的办法。最好的办法是，你不让他看见牛排，而是让他听见煎牛排的'吱吱'声。这会很好地勾起他的想象，他会想到此刻牛排正被按在黑色的炙热的铁板上，四处冒油，香味四溢。他会禁不住大咽口水的。"

这段话描述的是销售过程中销售人员对客户进行引导购买的过程。事实上，在销售中，光让客户看产品或进行演示还是不够的。与此同时，销售人员必须要恰到好处地进行适当引导，在客户的脑海里制造出一幅使用产品的美景，以推进交易进程。

一位销售室内空调机的销售人员深谙此道。与其他很多同行不同的是，他在向客户介绍产品时，从不大谈特谈室内空调机有哪些优点。在他看来，客户购买产品不完全是因为某个产品是好东西，而很大程度是因为他们需要它，之后才会去考虑它们是否好。因此，他在推销他的产品时一般不会说"这闷热的天气里，如果没有冷气，该有多难受"之类比较刻板的话。他通常将有购买意向的客户想象成刚从外面炎热的天气里回到没有空调的家里，然后说："当您从外面炎热的太阳底下急匆匆回到家，想要赶快凉快一会儿。可是如果没有空调，您一进家门，将会更闷热，汗水会不停地从您身体里冒出来，使您变得烦躁。可是如果有空调，您进了家门，打开空调，一股清新的风吹来，您会顿感凉爽，那有多舒服啊！”

在客户看产品或在进行产品演示时做出适当的引导几乎是所有优秀的销售人员的共识。而且他们还认为在给客户介绍产品时，不能仅仅以产品的各种物理性能为限，要突破这种限制。因为这样说还不足以打动客户的心，不足以激起客户的购买欲望。要在此基础上，进行恰到好处的引导，在客户的脑海中成功勾画出一副拥有产品后的美丽图景。这样才能给产品涂上美丽的光辉，也才能真正打动客户的心，勾起客户对拥有产品的欲望。

再看下面两个案例：

一位客户相中了一台多功能打印机，因为这样的多功能打印机可以满足他写作、复印、打印、传资料等要求。虽然他想拥有这样的多功能打印机，但由于价格等方面的原因，有些犹豫。

推销员看出了他的犹豫，就对他说：“先生，您可以设想一下。如果您拥有了这样一台多功能打印机，将会给您带来多大的便利和乐趣。打印是它最基础的功能。您要发传真，不必去找传真机，只需轻轻按下收发传真的按键就可以完成；您想把一些重要的图片放到电脑里，不用再去动扫描仪，只需把图片放好，按一下扫描的按键，图片影像就会输入您的电脑；您想复印，也不必到外面去找复印店，只需按一下复印键，一切都解决了，还有您还可以利用它制作各种照片，而且照片清晰度非常高。想想，多便利！您还犹豫什么？”

一个销售员向一位准客户推销一种磁疗寝具，他首先让这位准客户舒服地躺在铺好磁疗寝具的床上，然后说：“您是不是感觉非常舒服？肯定舒服，因为这套磁疗寝具是在遵从人体结构的基础上量身打造的，更重要的是它对人体的好处。我们每个人的时间都非常宝贵，特别是像您这样整天忙于工作的人，对时间更是十分珍惜。想想每天下班回来，身心疲惫，但是没有太多的时间去锻炼身体，平时身体有些不适，也舍不得时间去医院看。我们这种磁疗寝具有活血按摩的功效，可以非常好地消解身体疲乏。而且它不会占用您太多的时间，也不会占用您家里的空间，只要您把它铺在床上，每天在它上面睡觉就可以了。”

上述两个推销员的劝诱最后都取得了完全的成功。这是他们看准时机及时引导的结果。

总之，在销售过程中，销售人员要看准时机，及时引导，尽可能勾起客户对拥有产品后“美好景象”的想象，以促进销售达成。

7. 透过拒绝语，发现购买意图

在销售中，销售员已经明确了客户确有购买的意图，但客户却经常以“不行，售价过高”“我再看看，不急”“我还没有想好”等为借口加以拒绝。实际上，在客户说的这些“售价高”“我再看看”等拒绝词后面有许多潜在的内涵，代表了他们的内心真实想法。作为销售人员，如果能解读清楚这些拒绝购买的潜台词，再进一步消除其影响，就能促进交易向前发展。

那么，客户说“售价过高”等潜台词的背后，隐藏着哪些情况呢?销售人员又如何应对呢？一般来说，可以分为下面三种情况：

第一种情况，客户说售价过高。

客户对你说，你的产品售价过高，他要好好考虑考虑。实际情况往往是客户并不真的确认你的产品价格过高，这只是他没有考虑好的一个借口。这种情况下，作为销售员，你需要摸清客户的评估准则，以便弱化价格影响。如果有竞争对手，就把竞争对手比下去。如果没有竞争对手，就要设法说服客户下决心购买。

一个邮箱运营商的工作人员遇到这样一位用户。这位用户想提升自己公司的形象，同时也为了减少垃圾邮件和故障，所以他想租用一个企业邮箱。网络公司外租的企业邮箱分几个等级，年费从500至900元不等。这位客户想租用一个便宜的。在网络工作人员介绍完情况后，客户第一句话是：“你们的价格太贵了！”婉言拒绝了费用高的企业信箱。

工作人员没有辩解，而是问他：“您现在每天收到多少封垃圾邮件？您又是如何处理它们的呢？”

客户说：“大约五十多封吧。这些垃圾邮件让我很头疼，一次清空吧，还不行，因为有一些有用的邮件甚至客户的邮件也夹杂在里面，所以必须一个一个地看。有一次因为没及时看到客户邮件，误了大事！”

“看看有多可怕！真是太耽误事了。除了这些讨厌的垃圾邮件，您现在邮箱服务器的稳定性怎么样？”工作人员又问道。

客户说：“这个也很令人烦心，经常需要停机检修，而且这种检修不定期。每次停机，邮件是收不到的。这无疑又会耽误事，已经有客户对此质疑了，就是因为邮件沟通的问题！”

听客户这样一说，聪明的工作人员趁机建议说：“您自己想想，一个运行稳定、能有效隔离垃圾邮件的电子邮箱对您有多重要！您还计较这区区年费吗？”

客户想了想，说道：“确实是这样，毕竟机会成本更重要，对了，你说过你们在这些方面有技术优势，怎么做的？”

在销售员的耐心解释下最后这位客户毫不犹豫地选择了年费最高的企业邮箱。

在上面的案例中，客户对邮箱运营商评估标准发生了一个微妙的变化。原先注重的事项次序是：邮箱价格排在最前面，其后是防垃圾邮件，最后是稳定性。在和工作人员对话后，则变为稳定性在前，防垃圾邮件其后，而价格则排在了最后面。这种改变不是无缘无故发生的，而是工作人员有效影响了客户的购买决策准则，进而达成了合作。

第二种情况，客户说要再考虑考虑。

美国一家大型商用机器公司一段时间内经常发生丢单的情况，为此，他们专门做了调查。调查结果出乎他们的意料，原先他们认为是价格因素导致丢单的，但调查结果却表明64%丢单并不是因为价格。看看下面这些有代表性的调查结果：

有的客户说：“单看他们的宣传是不错，但实际上有些设计并不实用，甚至有的设计根本无用。”

有的客户说：“确实他们的机器质量过得去，可我不想换供应商，这会引起很多麻烦的。”

有的客户说：“我承认他们的机器质量很棒，但他们的售后服务却总不能让人满意。”

还有的客户说：“他们新来的副总裁原来在他们的一个竞争对手公司工作，我可不想得罪他！”

从上述种种的调查结果看，客户对这家商用机器公司的产品或服务有顾虑，所以他们才找借口选择了拒绝。实际上，这些顾虑绝大部分都是不必要的，是多余的。可能这些顾虑，他们本人也是解释不清的，可以称之为“负面结果”。销售人员如果忽视或回避买家的这些顾虑信号，要比当面去探究这些潜在的风险更危险。销售人员正确的做法是，积极主动地消除客户的这些解释不清的顾虑，激发起客户的购买欲望，促成交易。

第三种情况，客户说不是很急用。

一个顾客来到中关村海龙大厦看电脑。销售人员看这个顾客对一些高配置的电脑很留意，就向他推荐了一款配置很高的品牌电脑。

销售员：“先生，您看这款电脑如何？配置高，性能佳。”

顾客：“嗯，我看过了，这款电脑是不错，配置比我家里那台高多了。我那上初中的儿子总嫌家里那台慢得很。不过，我暂时不想买，毕竟家里有一台，我不急用。”

销售员：“您考虑一下，您有一个上初中的儿子经常用电脑。我们这台电脑的显示器由6层树脂构成，可以反射不良光线，对保护视力比较好，尤其对常用电脑的人来说益处更大。还有您儿子越来越大，对电脑的配置要求肯定会越来越高。”

顾客：“你说得有些道理，从长远来看，买一台吧。”

综合上面的事例，可以发现，当客户说“价格贵”或者“我不急用”的时候，那只是一个搪塞的借口，他们内心的真实想法没有暴露出来。作为销售人员一定不要雾里看花，一定要把握好“需求认知”这一销售的关键环节，透过现象看本质，把客户潜台词后面的真正内涵挖掘出来。

从某个角度讲，销售就是从拒绝开始的，不要怕拒绝，要学会如何站在从解决客户问题的角度来考虑产品推荐，而不是做一个机械的产品介绍人。具体点说，销售员在销售前要了解清楚自己所推销的产品能够解决客户的哪些问题，即使这些问题不是真实存在，也不是所有的客户都需要。销售员只有成功解读了客户拒绝背后的潜台词，把客户的需求认知找准了，才能真正给客户介绍好产品，成功拿下客户。

8. 坦承产品缺点，帮他权衡利弊

十全十美的产品是不存在的，也是不可能被生产出来的，同时也是不必要的。因为产品的功能和作用对于客户来说，并不都是一样重要的。进一步来说，产品的有些功能和作用对于一些客户来说是可以忽略的。不同的客户有不同的产品需求，看重产品的方面不一样，从这个角度上看，追求产品的十全十美是没有必要的。

既然这样，在介绍产品时，就不一定非要回避产品的缺点。有一些销售人员在进行销售时往往刻意回避产品的缺点，故意不谈，甚至在客户问这个问题时，还要努力掩盖，敷衍了事。殊不知，这样反而会降低客户的购买欲望。

只讲优点不讲缺点并非就可取得成功。正确的做法是，应根据产品的不同情况，根据客户类型的不同，清楚地说出产品的优缺点。这样反而能够使客户觉得真实可靠，促使他们下定决心购买。

石峰是G市一家房产经纪公司的一名资深销售人员。在G市北郊，他有一块面积为280平方米的土地需要销售。这块地皮虽然地处北郊，但由于临近车站，交通还是非常便利的。但是也有一个不好的地方，那就是由于附近有一座钢材加工厂，再加上火车等各种车辆发出的声音，因此这个地方的噪声相对较大。

经过多个渠道的了解，石峰发现有一位客户可能会购买这块地皮。这位客户就是住在G市工厂区的纪先生。通过初次接触，石峰了解到北郊那块地皮的情况很符合纪先生对地皮的要求。于是他向纪先生推荐了这块地皮。

石峰没有隐瞒情况，而是如实说明，并带客户到现场去看。看后，石峰诚恳地说：“纪先生，这块地皮的位置、价格以及交通情况都符合您的要求，售价之所以很优惠，就是因为附近有一座钢材加工厂和临近车站，噪声有些大。这一点是现实情况。除了这一点，其他条件都还令人满意。如果您能接受的话，综合考虑，我认为性价比还是很高的。”

“谢谢您能坦诚相告，不过我认为这里的噪音对我们一家的生活尚构不成干扰，要知道我们一直住在工厂区，那里机器和大型卡车发出的噪声要超过这里许多。还有我了解到，每天下午五点钟以后，这座钢材加工厂就停工了，这一点更是比我现在住的地方强，我那里一天24小时不停歇地轰鸣。综合考虑，我认为这里不错，而且您能将这里的情况如实告诉我，这更让我放心了，我决定将这块地皮买下来。”

当客户一语中的，说中了产品或者服务中的缺陷，切记不要回避，更不要企图掩盖，因为这样会越抹越黑，得不偿失。明智的做法是直面这个问题，承认其缺陷，然后淡化处理，利用产品的优点或者优惠措施来补偿甚至抵消这些缺陷。这样处理的结果会赢得客户的信赖，有利于客户做出购买的决定。

客户说：“你这款洗衣机使用起来不是很便利，而且有些费水。”

销售人员可以这样告诉他：“对，您说得对，这款产品的确在这方面存在缺陷，但是正是由于产品的这种缺陷，我们才做如此优惠处理。在如此优惠的情况下，我们公司也确保用户在使用这款产品时能够享受到高品质服务。”

这样一说，既圆满地解答了客户的疑问，又以价格方面的优惠激发起客户的购买欲望，相信多数客户在综合权衡后，会做出购买的行为。

销售人员还要让客户明白，事物都是有两面性的，如有些产品可能外观好看，但不好用；而有些产品外形笨重，但使用起来却很方便快捷。客户在购买产品时，也多是看重产品的某些方面，所以不妨如实告诉客户产品的优缺点，然后让客户自己做决定。

第十章 服务做好，销售才更好做

销售不仅仅是将产品卖给客户的过程，也是卖方向买方提供服务的过程，从这一角度讲，销售也可以看成是卖家卖服务的过程。正因为如此，我们才说良好的服务是最好的推销。事实上，客户的购买信心的提升确有很大程度得益于销售员的良好服务。当挑剔遇上星级服务，挑剔也就不再成为障碍，成交也变成了可能。那么，不具备良好服务意识和技能的销售员赶快行动起来吧!

1. 周到的服务是最好的推销

从一个角度看，销售也是卖方向买方提供服务的过程，因此说良好周到的服务就是最好的推销。销售经验丰富、销售业绩好的销售员都知道“真正的推销是从成交后开始的”，设想一下，如果服务没有让客户满意，那么可能销售就此终止了。相反，如果服务是良好周到、无可挑剔的，那无疑将会增强客户的购买信心，为你的销售加分，最后促成交易。

职业学校毕业后，邱强在一家办公用品销售公司上班，主要负责复印机销售与服务工作。由于他在校时攻读的就是机械专业，再加上他非常喜欢机械修理，平时总是在研究这方面的事情，所以他的技术基础很好。刚进入公司时，他就非常认真地学习修理复印机的技术，很快这方面的技术也上去了。

这一干就是七八年，由于他技术好，服务态度佳，所以自然赢得了客户的欢心。客户只要复印机出现问题就都找他修理，而且许多人主动为他介绍客户。另外，他给客户报的价格都较别家的报价低些，这些报价是他向公司为客户争取的。

通过比较，客户们都知道他的价格最实在，也就都找他购买和修理。他的业绩就在这样一传十、十传百的方式中逐渐地拓展开来，最终他获得了“年度销售总冠军”的头衔，在公司受到上司和同事的肯定。鉴于他帮助公司获得了巨大的利润和树立了良好的口碑，公司领导层决定晋升他为销售部的经理。邱强利用自己精湛的技术和良好的服务取得了事业上的成功。

邱强的销售之所以能够取得如此好的业绩，固然一方面有精湛的技术作为后盾，但另一方面才是最主要的，那就是他堪称完美周到的服务给他的成功加了高分。对此，邱强在回顾其成功的历程时说道："其实最好的销售就是服务。"这是他发自肺腑的感慨之言。

邱强的这句话掷地有声，是他这些年良好服务的真实反映。这些年里，他几乎没有主动去拜访过客户，绝大部分业绩都来自于客户的相互介绍。很多销售员感到很难的业务拓展对他来说则构不成问题。相反，越来越多的客户让他有应接不暇之感。

虽然每天越来越多的业务量让他很忙碌和疲惫，但是他却感到非常充实，对前景也充满了憧憬。这份充实和憧憬来自于他的坚信。他坚信他的每一位客户都可以从他这里得到良好的服务，而这份良好合作又必将会给他带来新的业务，这样就会形成一个良性循环。

为客户服务越周到，越能讨得客户的欢心，从而为自己赢得更多发展机会。

尹鹏是一家电公司的推销员，主要负责电视机和洗衣机的销售和售后服务。每次客户要货，他都会亲自把货送到客户指定的地方，并按客户的要求放到客户认为最合适的地方。如果有客户告知需要维修，他也会在第一时间赶到，快速高效地维修好。尹鹏的良好服务得到了客户们的一致认同和好评，他的客户也越来越多，销售业绩直线上升。

良好服务的影响力是巨大的，这几乎已经为所有有经验的推销员所认同。他们绝对不会漠视服务对自己事业发展的重要意义，因为他们深深知道良好服务的巨大作用力。因此他们尽力做好每一项服务工作，甚至在这方面付出的时间和精力远远超过向客户的直接销售。

如今的社会正处于急速发展阶段，商家的竞争越来越激烈，各种促销手段层出不穷。要想在这种激烈的竞争中站稳脚跟，取得胜利，除了优良的产品外，良好周到的服务已成为一个至关重要的影响因素。

要注意的是，这里所说的服务绝对不仅仅指售后服务，它要比售后服务宽泛得多。比如婚纱摄影服务公司的服务包括拍照、摄像、礼服、婚车、主持以及其他有关婚礼的事项，是从头到尾的一条龙服务；又如汽车业务服务除了卖车之外，还包括保险、理赔、拖吊、维修、保养、改装等服务，甚至连验车都服务到家。这些都是由竞争带动了全面服务的观念。

良好周到的服务，一方面会增加客户对产品的信心，另一方面还会吸引客户第二次消费与主动推荐。因此，销售员如果要创造最好的销售业绩，就一定要做好热诚而周到的服务，这是非常重要且不可跳跃的环节。

2. 用语言展现服务热情

售后服务是在商品出售以后厂家或销售一方所提供的各种服务活动。从推销工作来看，良好的售后服务本身同时也是一种促销手段。在追踪跟进阶段，推销人员要采取各种形式的配合步骤，通过售后服务来增加潜在客户的购买信心，提高企业的信誉，扩大产品的市场占有率，提高推销工作的效率及效益。

有很多销售人员认为，顾客付钱购买了产品后，销售行为也就结束了，这种想法是完全错误的。要知道在客户心中，掏腰包购买了产品只是购买行为的开始。

持掏钱购买了产品后销售行为就结束的思想的销售人员忽视了产品的售后服务，他们只注重眼前利益，习惯于只做一锤子买卖，对客户购买了产品后的使用情况、维修情况不闻不问，经常缺席于售后服务环节。事实上，售后服务不仅是销售产品的信息跟进与升级，还是后续销售的开始。如果售后服务开展得好，不但会令现在的用户满意，增加他们的购买信心，而且还会带来潜在的客户。因为产品的现实用户会将这个信息有意无意地传播出去。

陆伟是一家网络公司的技术加销售人员。他的业务是向物业公司、街道办事处、居委会等基层机构推广使用他们公司的网络。在很多人眼里，在物业公司、街道办事处、居委会工作的人都是一些上了年纪的大爷大妈，大多不懂网络。跟他们打交道很麻烦，有一种有理说不清的感觉。不过陆伟却将这个工作做得有声有色，业绩非常好。重要原因之一就是陆伟的服务意识强，售后服务做得很到位。

看下面一幕：

“您好，郑大妈，我来了！”陆伟一边推开街道办事处办公室的门一边打招呼。

“呦，就你自己啊，你们公司的售后服务人员呢？”郑大妈见陆伟一手提着一个大铁箱子，一只肩膀扛着一大捆网线，忙迎了上去问道。

“他们在呢，可我不放心，就过来看看，出什么问题了？”陆伟问道。

“办公室的电脑又上不去网了，也不知道怎么回事？”郑大妈说道。

“哦，没事，我检查一下，看看哪里出了问题。”陆伟一边说，一边检查，很快发现是连接路由器的网线不知什么原因被蹭掉了。

“是网线掉了，小问题，接上就好了。”陆伟麻利地接好了网线。马上，网络恢复了正常。

“就这么简单的事，还麻烦你跑一趟，真是有点说不过去。”郑大妈感觉有些不好意思。

“没事，郑大妈，有问题您就说话，我们随叫随到。”

“嗯，那就给你们添麻烦了。呦，这大热天的，还要去哪儿？”

“去东面的社区看看，有出现问题的，及时解决。”陆伟一边回答，一边收拾东西。

“哦，那可够你忙的，你这小伙子真不错！对了，最东边的晓宁社区的网络也总出问题，听说维修了好几次，也没有彻底解决问题，售后服务人员都不愿意来了。我跟他们说说去，让他们也换成你们公司的网络。”

“那敢情好了，我先谢谢您。”陆伟回应道。

“跟我还这么客气，没少麻烦你，这点小事算不上什么。”

“您是我们公司的用户，我作为销售，售后服务是我应尽的职责，您不必太在意。好了，大妈，我走了，您忙着。有事儿，您说话，保证随叫随到。”

“哦，好好，你忙去吧，这孩子真不错。”

很快，陆伟所在的公司的网络覆盖了周围的地区，成为这一区域市场覆盖率最高的网络公司。

公司良好的售后服务得到了用户的认可和赞扬，其中销售员陆伟的功劳最为突出，他以自身超强的服务意识帮助公司塑造了良好的形象。

良好的售后服务对销售起着重大的拉升作用，它可以提升客户的购买信心，增强对产品和销售员的认同和好感，从而帮助销售取得成功。

在产品同质化竞争越来越激烈的今天，没有良好售后服务的企业会被客户认为是没有信用的企业，而没有良好售后服务的商品则是一种没有保障的商品。售后服务的目标就是实现客户满意度的最大化。因此，仅仅将产品销售给客户是不够的，正如上面所说，产品销售完只是购买行为的开始，而不是购买行为的结束。良好的售后服务一定会让客户愿意花精力为销售者和产品做免费的宣传，介绍新客户或实现二次购买。

3. 让顾客成为产品行家

销售模式和方法有多种，并不全都是先推荐产品，后介绍服务这种固定的销售模式，也有先销售服务，再销售产品的模式。具体模式和方法要视具体情况而定，不是一成不变的。

销售中，有这样一种现象：一些顾客很喜欢某个产品，也有购买欲望，但最终购买欲望并没有转化为购买行为。这是为什么呢？原因很简单，这类客户可能是不会操作或不能完全操作产品。这类客户多半是老年人和一些文化程度不高的年轻人。

这种情况下，作为销售人员如果先教会了他们操作方法，把他们培养成行家，这个问题就解决了，销售员的业绩也就上来了。这就是先销售服务，再销售产品的模式。

要想采用这个模式，作为销售人员首先一定要是个产品行家，对自己所推销的产品非常熟悉。如果销售人员对自己所推销的产品都不十分熟悉，顾客多问了几个问题，就被难住，顾客自然会因为得不到满意的答案而打消购买的想法。而你会因为对产品解释不清或者宣传不力而影响对产品的销售。更为严重的是，时间一长，你会把导致自己的这种不佳业绩的罪责归结到产品身上，从而对销售该产品失去信心，精神一松懈，就容易进入恶性循环的怪圈中。

正由于此，销售人员要对产品情况有个全面透彻的了解，并对销售产品建立起充分的信心。销售人员要尽可能多地了解产品情况，包括了解产品的类型、规格、性能、操作方法、质量、生产工艺以及售后服务，还有本企业产品与其他企业同类产品的竞争优势、价格和产品发展前景等情况。只有当你全面了解、掌握了所推销产品情况，你才有可能教好你的客户，也才能为说服客户增加把握，增强自信心。

拿家用电器销售为例，现在的家用电器品种越来越多，用途越来越广，结构也越来越复杂，采用的新技术日益多样。这使得很多客户有应接不暇的感觉，感觉自己被高科技甩在了后面。这种情况也给店面销售提出了越来越高的要求。很多客户往往要向销售人员询问清楚后才决定是否购买。如果销售人员不能给予他们满意的回答和帮助，他们往往会“知难而退”，拒绝购买，这样就导致了部分电器销售员业绩一直上不去。

实际上，这种现象不止发生在电器行业，其他很多行业也都有此类现象。

另外，销售人员对产品信心的坚定程度也会影响到客户的购买决策。如果销售人员对自己所推销的产品有坚定的信心，在给顾客介绍产品情况时，这种自信心由内而发，就会潜移默化影响到客户。

在门市店销售微波炉的小程毕业于某大学现代机器应用系，在销售微波炉之前，他对自己所负责的产品做了详细的了解，对其各个性能指标了然于胸，建立起对销售该产品的信心。在销售中，他把微波炉的内部结构、技术性能指标和使用方法及使用注意事项等情况介绍得清清楚楚、明明白白，让客户听得心服口服。而且小程还让客户亲自操作，感受一下操作快感。这种情况下，很多客户迅速做出了购买的决定。

在熟知产品相关情况的基础上，销售员还要有喜欢向客户介绍产品情况的服务热情，对客户的提问不厌其烦。这样才能将产品的相关情况给客户介绍得清楚周到，并容易让客户接受。

总之，通过自己的服务将顾客培养成行家并不是一件简单的事，销售员要对此重视起来，积极主动地培养自己对产品的兴趣，充分地了解产品知识，保持为顾客服务的热情，尽职尽责地履行服务的责任，这样才能有利于提升自己的销售业绩。

4. 利用好客户的趋利心

很多时候，销售人员发现自己虽然做了详细的介绍，但客户并不买账，而是一再强调异议。这种现象的背后，是客户的趋利心在作怪。

仔细剖析这种现象，会得出如下两个结论：第一，客户提出具体的异议，可以说明客户关注了产品，并且有了一定的了解。从这个层面上来说，这是一个好信号。第二，这种现象也说明客户有想要了解产品或者服务的欲望。这也是一个好信号。

为什么说这是好信号呢？因为从销售活动角度来看，这些现象可以作为销售人员推介产品的契机。客户对产品或服务的异议越多，销售员就能越多地了解客户的想法，从而找出客户的需要，进而在这些方面给予客户帮助，增强客户的购买信心，进而推动了销售。

约翰是一家经营办公用品耗材公司的销售员。经过多年的打拼，他已经成为一个为很多人都称道的销售专家。他今日成就完全是靠与客户的良好关系取得的。

在做初级销售员的时候，去公司的客户那里投递资料是他的主要工作。投递一段时间后，约翰还要整理客户反馈的信息。他总是在这个过程中努力与客户确定约见时间，并在这个接触过程中努力搞定客户。

“您好，史蒂芬先生，上次我给您送来我们公司新生产的产品目录，不知您看了没有？有合适的产品吗?彩色墨盒在这一时间有很大的折扣优惠，您考虑一下是不是购买一些。”

约翰说完后，史蒂芬就从电脑前抬起头来，神情比较阴沉，他说：“彩色墨盒？不需要，不经常用，而且打出来的颜色效果不能令我满意。”

“哦，这样，这也很好解决，您可以换一款我们最新生产的彩色打印机，它打印出来的颜色效果一定能让您满意，而且您只需要购买一台就可以了，它完全够你们对重要文件的彩色影印……”

“你说我为了一个彩色墨盒，还需要换一个打印机？这怎么可能呢！”

“这个建议只是为了满足您对颜色的要求。”

“不行，那样绝对不行，太亏本了，不如我们买彩色墨盒，你们送打印机好了。”

“您真幽默，要是这样，恐怕连我自己都赔进去了。”约翰说道。

“我真怕你们为了销售彩色墨盒再让我们换个打印机，这样吧，为了避免花更多的钱，我还是订你们的彩色墨盒吧。”

虽然约翰成功让史蒂芬购买了公司的彩色墨盒，但是他感觉到史蒂芬并不是心甘情愿地购买的，是出于避免花更多的钱才购买的。他暗暗决定一定要让客户发自内心地购买产品。不久后，约翰的公司开发生产了教学机一类的产品。

在给史蒂芬送产品资料时，约翰发现史蒂芬办公桌上摆着一个镜框。镜框里夹着一张小男孩的照片。

“这是您的儿子？”约翰指着照片问。

“嗯。是的。”

“一个帅小伙，很可爱。上几年级了？”

“三年级。”

“学习很好吧？”

史蒂芬没有作答。约翰继续说，“在我像您儿子这么大的时候，我最不愿意学的一门功课是历史。但是在我读完三年级的时候我发现历史并不是我最讨厌的学科，数学才是我最讨厌的学科。”

“哦。”史蒂芬破天荒地对约翰笑了笑，说，“我儿子不是那样，他数学成绩很不错。”

“哦，是吗？那可真不错，在我看来，数学非常枯燥。您儿子数学不错，以后可以考虑进大学金融系。”

“但是他对化学不太感兴趣，我认为既然都是理科，应该相通，可是他就是不喜欢化学。化学成绩也不好。”

“哦，您的担心，我完全可以理解。”约翰马上回应道，“我也认为理科应该都是相通的。”

史蒂芬微微点了一下头，表示对约翰回应的赞赏。约翰不失时机地又问：“史蒂芬先生，您有没有想过为您儿子请家教呢？”

“哦，不，我不认为那是个好的解决办法，要知道孩子每天在学校里待的时间够长的了。我不想再在额外的课余时间上压榨他。”

“史蒂芬先生，您误解了，我说的家教，不是传统意义上的家教，而是一种新的教育方式，不会让你的儿子觉得自己是在学习，而是寓教于乐。”约翰从包里神秘地拿出教学机的产品目录递给史蒂芬。

史蒂芬有些犹疑，但还是伸手接了过去。

“注意不要将这件事让商店或者教育机构的人知道，因为这个产品目录是公司让我送给商店和教育机构的，上面的价格是大笔订单的价格，要比零售价格便宜许多。”

说完这些后，约翰假称还有工作要忙，就告辞史蒂芬离开了。

两个星期后，史蒂芬主动给约翰打电话让他来自己公司，说有事要谈。

“你好，约翰。”一见面，史蒂芬主动热情招呼约翰。

“您好，史蒂芬先生。”约翰一如既往地表示了礼貌。

“我在网上看过了，你给我的产品价格确实要比上面的便宜很多。”

“哦，那是啊，我对您从来都是坦诚相待的，给您的价格都是非常实惠的。”

“我是说上次你给的那个教学机的价格。”

“嗯，我知道，那可是时下最新的产品了。绝对物有所值。”

“那好，我想要订一台，同时也不让你难做，我认识的几个朋友也都想要订购，这如何……”

“可以的，而且是一点儿问题都没有，我还可以给你们团购价，打九折。”

“那太好了，这次真是感谢你了。”史蒂芬回应道。

事后，约翰总结说：“史蒂芬是一个精明的买家，他在采购方面有很强的避害意识。通常情况下，避害意识有多强，趋利心理就有多强。我提供给他所需要又良好的产品，同时又给他非常诱人的价格。这样就满足了他的避害心理，增加了他的购买意向，他自然就会购买我的产品了。”

客户异议的背后是趋利性在作怪，趋利心理又让客户做出购买决定。如果能够满足客户的趋利心理，也就增强了客户的购买信心，这种情况下，多数客户都会做出购买决定的。

5. 试用一下，让他自己决定

有些销售员会遇到这样一种情况：自己产品的质量很棒，价格也说得过去，同时客户也需要，但客户就是迟迟不下订单。这是怎么回事？

重要原因之一是客户不相信销售人员的承诺。由于现代商业社会中存在着许多消费陷阱，客户为此吃尽了苦头，因而由此心生不安全感。这种对产品或服务的不安全感是影响他们实施购买行为的一大障碍。

针对这个原因，销售人员就要想方设法努力打消客户对产品风险的担忧。如果能做到这一点，客户的购买信心上去了，自然就会放心大胆地实施购买行为了，困扰销售员没有订单的这个最大问题也就解决了。

温方是市连锁超市的水果采购员，他在马腾的苹果园里转了又转，看了又看，但还是下不了决心签采购订单。他心中有对产品质量的担忧。陪在一旁的马腾看出了温方心中的疑虑，于是主动问："温先生，您是不是对苹果质量不放心？"

温方见马腾问出了口，遂说道："嗯，是的，上次在一家果园进的苹果，个大，颜色也好，但就是味道涩，水分也少，还不脆。上架以后，刚开始卖得还不错，但是慢慢就没人购买了，最后剩下的苹果卖不掉就都坏掉了，害得公司亏了不少钱。我实在是再怕出现这样的事啊！"

马腾知道了温方是由于这个原因而对产品产生担忧的，就解释道："这种情况我知道，您说的那种苹果肯定是用药物催红的。之所以水分少，不脆，口感不好，就是因为在药物的作用下，苹果的生长期缩短了。违背了生长规律的苹果自然比正常生长的苹果在口感上会差很多。但我们果园的苹果却不是这样的，我们的苹果全都是自然生长的，从不用药物催熟，不信，您可以随意尝一尝就知道了，事实胜过雄辩。”

温方听马腾如此说，就随意摘了一个苹果，尝过之后，觉得很甜，而且水分也足。心不由放下了一半，但还是没有完全打消疑虑来。温方见此，又说：“我们果园的苹果您完全可以放心，因为凡是我们果园出的每一个苹果上都贴有无公害农产品的标签，而且保证每箱苹果里个个都是如此。在采购和运输过程中，直至上架，我们都会派人跟踪服务的，品质方面您绝对放心。”

听马腾这么一说，温方才完全放下心来，当场决定就采购马腾果园的苹果。双方很快就签好了订单。

客观上说，产品的使用都是有风险的，没有风险的产品是不存在的。虽然产品的使用存在风险，但如果销售员确知自己的产品是合格的，不妨大胆向客户保证产品零故障，这样就会极大吸引客户。

很多人都经历过失败的购买行为，这给他们带来了心理阴影，使他们不敢随意购买产品或服务。正由于此，要想拿下订单，销售员的首要任务就是要消除他们对产品或者服务的担忧，直到客户心中消除了这种担忧，他们才会再接受产品或者服务。

销售员要努力消除客户对产品风险的担忧，就要提高并完善自己的服务，不妨采用下列两种办法试试：

（1）提前试用。先暂且不去管客户买还是不买，先热情地让他试一下。因为提前试用的方法，可以在一定程度上减少客户对产品的一些不安全感。如果试用能让客户满意，他就会在很大程度上对产品放心，购买信心增强了，下订单的可能性也就增大了。

（2）保证售后。谁买东西都想买质量好的，但问题是买之前，特别真正使用之前，如何才能知道东西是否是好的；如果无法知道，就难免产生顾虑和担心，所以就不会那么容易下单。

这个时候，作为销售人员就要适时为客户做出保证。这个保证就是良好的售后服务。保证了售后服务，才能在一定程度上减轻他们对产品风险的担忧。他们没有了后顾之忧，购买意图便会真正转化为购买行为。

一次试用、一句保证可以直抵客户心里，打动客户心坎，也可以让客户对产品的担忧降到最低点。与此同时，客户对产品和服务的信心也就上去了，购买行为也就随之自然而然发生了。因此，在向客户推销产品时，不妨让客户试用一下，并适时做出售后承诺。

6. 全心全意为“上帝”服务

不要小看了服务，它是一门复杂的社会学问。对于销售员来说，如何学好这门复杂的社会课程，服务好客户是很重要的，它关系到销售的成败。

服务的目的是相同的，就是通过语言和行为给客户提供方便，并让客户满意。虽然服务的目的相同，但服务的方式却是多种多样的。为了达到服务好客户的目的，就要通过不同方法和手段给了客户各种方便和帮助，设身处地为客户解决产品购买和使用过程中的每一个问题。

作为销售人员要清楚，服务说起来简单，但做起来却很难，因为客户的需求是多层面且不断升级的。所以说服务是无止境的，面对这种情况，销售员一定要增强服务观念和提升服务水平。

首先要增强服务意识。作为销售人员，头脑中一定要树立起帮助客户解决问题的意识。有意识才会有行动。意识在先，行动在后，意识非常重要。

要想帮助客户解决问题，通常需要先了解客户有什么样的需要。一般情况下，客户的需要有三个层面：基本需求、潜在期望、后顾之忧。

对于这三个层面的需要的满足，通常是达到基本需求，了解潜在期望，消除后顾之忧。其中基本需求和后顾之忧是现实的，是当时就可能实现的。而潜在期望则是非现实的，是客户的一种期望，也是后期商家完善服务的一个出发点。

作为销售人员，还要时刻意识到服务的价值所在。这一点也是非常重要的。拿门店的服务为例。服务在门店的经营活动中非常重要，一个优质的门店销售服务会使门店充满竞争力。因此，门店在经营活动中非常看重销售服务，一个好的门店要始终保持以服务客户为中心的销售态度。在门店销售服务的过程中，包含着客户的利益、门店的利益和个人的利益，有时还有第四方利益存在其中。所以说，一个门店服务人员是否合格，不只是看其所服务的客户对他有多高的满意度，而是看其是否善于平衡客户、门店、个人之间的利益。必须要兼顾好这几者的利益关系。而要想做到、做好这一点，头脑中必须有服务价值的意识存在。

一个门店的服务人员在接待客户、和客户沟通交流时，要时刻在头脑中保持增强服务的意识，平衡好客户、门店和个人的利益关系，热诚地为客户服务，才能在激烈的竞争中取得胜利。

其次要不断强化优质服务。要做到不断强化优质服务，就需要做到下面8点：

（1）要树立顾客是上帝的服务意识。“顾客是上帝”是沃尔玛超市的一条服务标语，也是他们的服务准则。每一位走进沃尔玛超市的人都会看到两行字：“①顾客永远是对的；②顾客如果有错误，请参看第一条。”从这两句话里可以看出商家对服务顾客的看重，商家要求服务人员要充分尊重顾客的需求，尽最大努力满足顾客的要求，让顾客感到满意。

（2）服务要到位。要做到“服务到位”这一点并不容易，因为这要求服务要专业、全面。想顾客所想，急顾客所急，为顾客提供各种咨询、实施、售后支持等服务，一句话就是做到实实在在为顾客解决问题。

拿门店服务为例，随着市场竞争的白热化，门店服务也已经发展到一个新的阶段。一些规模较大的门店几乎都是能够提供全方位服务的门店。在经营者看来，要针对顾客的某一类需求提供到位的服务，这样才能够吸引更多的顾客光临，生意也才会长久地好。

（3）快速响应顾客需求。快速响应顾客需求是销售服务中的一个重要环节。以门店服务为例，门店的服务人员在洞察或了解顾客的需求后，要在很短的时间内对顾客的需求做出反应，或者根据顾客的要求引进新产品，或者提供顾客所要求的合理服务。只有这样才能赢得顾客的满意和信任，逐渐培养起顾客长期的购买信心。

（4）坚持以顾客为中心。“以顾客为中心”的服务理念最初主要是指门店应该销售出能够满足“顾客需求”的产品。如今以顾客为中心的服务理念的范畴早已经超越了当初这个层面，目前门店经营中“以顾客为中心”的真正含义应该是门店所有的经营活动要始终围绕顾客来进行。

作为商家，一定要树立顾客是服务中心的理念，不要仅仅把这句话当作一句口号、一条只贴在墙上的服务宗旨，而要切实做到这一点。比如：给等待的顾客搬把椅子，让顾客坐着等；给顾客倒上一杯水；真诚地向顾客问候；在顾客生日时主动打电话问候；帮助顾客解决困难……做到了这些，相信定会给顾客带来一种温馨感受，而顾客也定会明白你的心意。

（5）持续给顾客提供优质服务。偶尔给顾客提供优质服务，或者一段时间内给顾客提供优质服务都不难，但要长期始终如一给顾客提供优质服务却并不容易。但正是由于很难做到，所以才显得可贵。拿门店为例，如果一个门店真的做到了给顾客提供始终如一的优质服务，那么它就形成了自己的品牌，其竞争力也定会大大加强，在同行业的竞争中就有了相当大的优势。

还拿门店来说，要想持续给顾客提供优质服务需要有一套健全成熟的门店销售工作标准、操作程序和相关制度。比如：紧急服务和非紧急服务的流程和程序，现场销售和网上销售的流程和程序，商品紧急返修和正常返修的流程和程序等。另外，还要定期更新和给客户邮寄有关资料，以便使客户在任何时候都能方便地找到并得到商家的服务。

（6）站在顾客的角度全力为顾客着想。站在顾客的角度为顾客着想是服务顾客的前提之一。站在顾客的角度就意味着要换位思考，以顾客的身份去思考问题、理解对方的观点、知道对方最需要的和最不想要的是什么。只有这样，才能真正做到为顾客提供优质服务。

站在顾客的角度全力为顾客着想属于商家的一种情感服务。这种情感服务是贴心的，是真情付出。这种贴心服务和真情付出定会让顾客有所心动，有所感动，从而会在彼此间建立起一种友好合作的关系。

（7）尽量满足个性化要求。顾虑的类型多种多样，需求也千奇百怪，因此顾客个性化要求也就不足为怪了。如果在工作中能抓住每位顾客的需求心理，并能予以满足，那么销售工作就能顺利开展。在这个过程中，需求得到满足的顾客会觉得他们得到了与众不同的服务和格外的尊重，因此会感到满意。

还是拿门店为例，传统的商业门店原先提供的是大众型服务，也就是说任何顾客的特殊需求都必须服从于门店所能提供的有限商品和服务。这是因为当时的门店需要将市场信息先反馈给生产厂家，而后才有可能满足顾客的特殊要求。但是这个过程时间漫长，而信息几经传递变得不太准确，这就必然无法满足个性化服务的要求。但是现在门店从单纯销售商品转向了以顾客为中心，创造个性化的现代营销组合，根据各自不同特点，拓展门店经营业态的功能。也就是说现在的门店已经可以满足顾客的个性化需求了。

（8）做好配套服务。配套服务是在服务软件得到建立并完善的同时，也需要建立并完善硬件设施，配套服务的落实可提高顾客对商家的信任度，增强客户购买产品或服务的信心。比如，婚纱摄影门店除了要有一套完善的服务体系，还要在店里适当位置配置婚礼事宜或者婚礼用品咨询台，为顾客提供婚礼事宜的咨询服务。这些服务，包括向顾客介绍举办婚礼的礼节礼仪、婚礼现场需要准备哪些礼物等。美容美发店要在店内一角摆放沙发和饮水机，方便等待的顾客休息和饮茶。茶馆和咖啡馆里要有Wi-Fi，以便顾客上网。如今像这类的配套服务已经很常见了，也都非常人性化，力求在最大程度上让顾客满意。

第十一章 优惠多多，生意才更红火

想得到优惠的心理人人有，销售员要明白客户的这个心理，不要忽视，更不要妄图让客户忘记。正确的做法是，在交易中寻找合适的时机适时给予客户一些优惠，以激发起客户的购买欲望。想想看，当“鱼儿”碰到了诱饵会怎样？

1. 每个人都想享有优惠的权利

想得到优惠的心理是绝大多数客户都有的，只不过有些人表现得直接，而有些人表现得不那么明显，但这种想得到优惠的心理却是共同的。在产品质量差不多的情况下，很多客户只看优惠是多少，然后将它们逐一比较。如果你的优惠没有让客户满意，那他很可能就会离你而去。

想得到优惠的心理有时是非常强烈的，很多人为了掩饰自己想得到优惠的心理甚至会撒一些善意的谎言，他们会采用不同的谎言来掩盖自己想得到优惠的真实目的。对于销售人员来说，要熟知客户的这种想得到优惠的心理，在合适的机会适时给予客户一些优惠，以刺激客户购买欲望。

一次规模宏大的玩具展销会在上海的一家大型展馆开幕了。展览馆共有五层，参加过展览会的人都知道，最好的展位是第一层和第二层，越往上客户越懒得走，而B玩具公司却不幸被安排在展览会馆最偏僻的地方——第五层。因此，B公司的玩具展厅一个星期下来也没几个人来看一眼，整个展厅显得十分冷清。

眼看展会就要结束了，B玩具公司展厅负责人既焦急又无奈，他看着公司大大小小的玩具深思，忽然想到了一个主意。

在第二个星期一的早晨，这名负责人在展馆一进门的地方撒下一些别致的名片，在名片的后面写着“持有这张名片可以到5楼B玩具公司免费领取1个玩具”。

这一招立竿见影，有了效果，一上午的时间，B玩具公司在5楼的展厅被人们围得水泄不通，工作人员应接不暇。这种状况一直维持到B公司参展结束，超高的人气为B公司带来了丰厚的业务回报，最终，在这次参展的企业中，B玩具公司成了最大的赢家。

B公司之所以取得了丰厚的利润回报，就在于他们的销售策略得当，他们抓住了人人都想得到优惠的心理，以小恩惠换来了大利益。

在众多促销手段中，给予优惠是促进销售最有效的方法之一，也是抓住客户心理的一种重要手段。

在优惠的同时，还要传达给客户一种信息：优惠并不是天天都有的，也不是人人都可享受到的，而你很走运，能享受此优惠。这样，客户的心理才会更满足，也才会更愿意与你合作。

即使你推销的产品在某方面存在不足，你也可以通过某些优惠促使交易完成，并让他们满意而归。如果有客户对你销售的产品提出意见，指出缺陷，这时你一定不要直接否定客户，要坦言产品的缺陷，然后用产品的优点来抵消这个缺陷。同时调用优惠政策，双管齐下，促成交易。例如，有客户对你说："你的这款洗衣机排水速度有些慢。"这时你可以说："您说的这个问题确实存在，但它洗涤干净，不伤衣服；而且正由于您刚才说的那个小问题的存在，所以我们才优惠处理的。这样的品质，以这样的价格出售，性价比是非常高的，同时，是非常实惠的。"这样一说，客户觉得你的说辞很实在，会使他产生购买的欲望。

作为销售人员，要清楚客户这种想得到优惠的心理。在销售中，要照顾到客户的利益，能让利的时候尽量给客户让利，可能你让出一个小利，却换来一个大单，何乐而不为呢！

2. 帮他省钱，你才能赚钱

都说商人无利不起早。做生意也确实要以盈利为目标，这本无可厚非，但是有些商人为了获取利益不惜损害客户的利益，这就不对了。而且从长远来看，当客户的利益受到损害时，他们就会对商人的诚信度产生怀疑，这种怀疑又使得客户在面对销售员时产生抵触的态度。如此一来，交易自然难以达成。生意不好做，销售量上不去，又致使商人采取一些伤害客户的行为，由此产生恶性循环，使得客户越加不买商家的账。

要避免这种恶性循环，唯一的方法就是在自己赚钱的同时考虑客户的利益。而为客户的利益着想的一个重要方面就是要树立起为客户省钱的销售心理。为客户省钱了，也就相当于给予客户一定优惠了，客户自然高兴。

在这种为客户省钱的心理下，当销售员初次与客户沟通时，就应该把自己和客户视为一起并肩战斗的伙伴，同处一条战线上。你的目标不是简单地向客户推销产品，而是千方百计地为客户提供可以省钱的方法，试着把客户的问题当成自己的问题，把客户购买产品的钱当成自己要花出去的钱。那样的话，为客户省钱就变得是自然而然的事情了。

可以想象一下，一个销售员如果能够为客户提供可以让他们省钱的建议，自然会获得客户的高度肯定，获得他们的信任，亲近感自然就产生了，双方在沟通中，气氛也就不会那么紧张了。

玛丽是纽约一家装修装饰公司的销售员。一次，她带着一份购买合同找到刚买了新房正筹措装修事宜的乔治。玛丽告诉乔治，她们公司有他需要的所有装修材料，而且质量都十分好。价格是10万美元。而乔治却告诉玛丽，他的经济收入不允许他用这么多钱采购如此高昂的装修材料。玛丽想要说服他，但是无论她怎样说她的产品质量如何如何好，如何如何环保，乔治都以“售价太高自己承受不起”为由一口回绝。

实际上，乔治也不是拿不出这笔装修材料的钱，而是认为玛丽的要价太高了。虽然他并不十分清楚这些材料的市场价格，但他肯定玛丽的价格根本不合理，所以他一口回绝了。

回去之后，玛丽思前想后，认识到了自己所犯的错误，她又重新调整了产品售价。一周之后，她又找到乔治。一见面，玛丽先向乔治诚恳地表达了歉意：“真的不好意思，乔治先生，我上次给您报的价格确实虚高，在此我向您致歉。为了表达我的歉意，我又重新调整了报价，材料一样不少，质量也有保证，价格变为4.1万美元，不到原来的二分之一。”

乔治听了玛丽的话，又看了玛丽带来的产品资料，认为这次玛丽所报的价很合理，这样自己就省下了一笔钱，因此他显出高兴的样子，对玛丽说：“很好，很合理，我很高兴你能这样做。咱们看一下样品，把合同签了吧！”检验过样品后，乔治爽快地和玛丽签订了购买合同。

这次交易中，为什么玛丽一改初衷，将产品价格一下子降了那么多？这样的价格卖家还有利润可赚吗？答案是肯定的。第一次玛丽站在自己的立场，想赚取更多的利润，价格虚高，这种“以赢利为唯一目标”的行为导致了客户的反感，所以交易没有做成。最终玛丽想清楚了自己交易失败的原因，就是没有考虑客户的利益，没有树立为客户省钱的销售意识，痛定思痛，她抱着为客户省钱的心理，重新调整了产品报价，最终赢得了客户的信任和认可，交易顺利达成。当然，玛丽所代表的商家在这次交易中仍然获取了利益，赔钱的买卖是任何商家都不做的。

谁都喜欢花最少的钱买最好的产品，所以，在销售活动中，销售员要树立为客户省钱的销售心理，在友好协商中，争取创造双赢的良好局面。

3. 摸清客户心理，给他想要的

客户有多种类型，他们购买产品时的欲望也不一样。所以销售员不能把不合适的产品强制销售给并不需要他们的客户，事实上这也是不可能做到的事情。看一个销售员是否优秀，是否业务能力强，并不是看他是否能将同一件商品卖给不同的人，而是看他能否清楚地了解到客户的购买能力和客户对某一商品的心理价位，量体裁衣地选出客户满意的产品，从而顺利地完成交易。

一位中年女顾客走进卖场。销售员肖迪热情地说："您好，您好好转转，我们这儿的衣服款式新颖，价格也公道，看中了哪件您可以试试。"女顾客"哦"了一声就没再说什么，而是继续看衣服。

肖迪来到中年女顾客的身边，说："您看，这是我们卖场卖得最好的真丝裙，既凉快，又很有样，您穿肯定合适，您试穿一下。"说完，就把手中的裙子塞给女顾客。女顾客看了看，就去试衣间试穿了。

一会儿，女顾客穿着这件裙子从试衣间出来了，边走边说："好像有些瘦呢，穿在身上紧绷绷的，很不舒服，而且显得我很胖。"

肖迪连忙说："哪有啊，您穿上它显得很有气质，而且，也不显得有多紧，很合适的。"

女顾客又说："我还是感觉有些紧，这个号有些小，再换一个大一号的吧。"

这一次，女顾客试穿后，说："这个穿上不那么紧了，也不显得那么胖了。还可以。"过了会儿，女顾客问道："这件裙子多少钱？"

肖迪答道："580元。"

女顾客反应很强烈："什么，580元？太贵了吧？那不行，我不买，还是看看别的吧！"

肖迪见状忙劝说："这样的质地，这样的款型，不贵了。您要是买的话，两件我给您便宜些。您要知道，像这样新上市的衣服，我们是不会打折的。"

女顾客没再说什么，而是脱下裙子，去看别的衣服。肖迪不甘心，拿着裙子跟在女客户的身后不住地推销。可能是女顾客感觉这个销售员有些烦，就打算离开。这时另一个销售员蔡婷把一件绵绸质地的T恤递到女顾客的手里，说："您看看这件，这也是新款，吸汗，不贴身，而且很便宜，80元一件。"

女顾客展开T恤，前后看了看，问："有大一号的吗？"

蔡婷回答："有，您稍等，我给您找。这款衣服号码挺全的，颜色也挺多，可选的余地很大。"

很快，蔡婷找到了女顾客要求的号码的T恤。女顾客试穿了一下，感觉很满意，又问："还能再便宜些吗？"

蔡婷很快回答道："不能再便宜了，女士，这已经是最低价格了。您看这是新上市的衣服，质地还有款式都是上乘的。您可以买两件换着穿，很实惠的。"

女客户脸上露出犹豫的神情，说："还是感觉有些贵。"

蔡婷见状，想了想，似乎下定决心似的，又说："看您诚心想买，这样吧，您买两件，我收您140元，每件给您优惠10元，这已经是商场的底线了。"

"那好，就这价格，我就买两件！"女顾客此刻显得很爽快。

女顾客交了钱，精心挑选了两件刚才试穿的同款T恤高高兴兴地离开了。

就这样，肖迪费了好大劲儿也没有销售成功，而蔡婷则马到成功，成功卖出去两件衣服。蔡婷之所以能成功销售，就是因为她摸清了客户的心理价位，从而为客户挑选到适合其消费心理需求的商品。

另外，需要注意的是，满足客户的心理价位，并不意味着要一味地降价，而是指要做好定价。做好定价不仅能取得预期的利润，而且还会满足客户的心理价位，从而让客户高高兴兴地掏腰包。

4. 让客户拥有物超所值的体验

在销售中，物有所值是客户的一种心理体验，是一种买对了、买值了的心理感受。同样的产品怎么就会让客户从心里觉得这个东西买对了、买值了呢？这与销售员的报价有紧密的关系。合适的报价会让客户乐意掏腰包去买你的产品，买完之后还感觉物有所值，甚至会感觉自己捡了个大便宜。

从表面上看，客户购买的是产品，但实际上购买的却是产品的使用价值。从这个角度上来讲，销售员要根据产品的价值合理有效报价，让客户感觉物有所值。我们拿促销活动来说，如果商家或销售员能让顾客有“赚到了”的心理，那么促销就成功了，反之不然。看下面这个销售事例：

C市《城市建设报》在做促销活动，活动内容是《城市建设报》一元一份，另送一个“袖珍手电筒”。出乎报社很多人意料，促销效果并不好，都到下班时间了，这份报纸才仅仅销售出几十份。看着一叠厚厚的报纸，以及旁边脚下一箱手电筒的赠品，销售人员陷入了思考中。

这是怎么回事呢？要知道，光是一个“袖珍手电筒”市场价也不低于10元钱，是一份报纸价钱的10倍，那为什么无人为津呢？

再看看下面的促销事例，同样是卖与赠，但效果却大不一样。

G市某厂有一批鞋油急需出售，销售部门想了一些促销方法，但最后感觉都不如人意，因而都自动放弃了。李进是销售部门的智多星，他灵机一动，想出了一个妙招。他先去进购了一批廉价雨伞，然后联合其他销售人员推出“高级鞋油，出厂价5元，买两盒送一把高档雨伞”的促销活动。销售活动异常的火爆，鞋油很快热销一空，厂家获利丰厚。

两个促销活动对比，后者远不如前者促销力度大，但后者为什么反而会受这么多客户的欢迎呢？

当时，李进的同事也不理解。因为以前像这种买一赠一或打折降价的活动也不少，甚至鞋油1元钱都卖过，其效果也远没有这次火爆，原因在哪儿？

李进解释道：在当地最便宜的雨伞零售价也都不低于10元，由于雨伞是日常必需品，所以它在人们眼中就相当于是人民币10元。因此，加入这次促销活动，对于他们来说稳赚不赔。至于鞋油，虽然不好判定它品质的优劣，但因为是白送了雨伞使潜在的收益很大，毕竟宣传的是高档鞋油。这样事情就变得是在满足需求的基础上锦上添花的好事，自然响应者众多。实际上，雨伞的批发价也不过就4元，一盒鞋油的成本价为5角钱，这样一个“买二送一”的套餐成本不过5元，厂家稳赚5元，100%的利润率。

再看下面这个促销实例：

联通公司首先开始“手机送话费”的促销方式。这个促销活动取得了空前的成功。这个促销活动的成果意义重大，它不仅解决了联通CDMA的推广难题，同时还解决了移动保护其VIP客户的防御问题。

剖析一下这个成功的促销，发现它成功就在于一个关键字：“送”。送的也确实是物有所值的东西，降低了用户的使用成本，联通用户几乎是没有任何风险地得到了真金白银。同时，联通公司也得到了实惠，可谓是双赢。

在这里，销售环节都成功地运用了“置换营销”这一促销理念。“置换营销”的促销理念就是通过价值置换，创造超额利润回报的思想。通常，在客户购买的过程中，无论销售员说多少钱他都会觉得很贵，需要再三考虑要不要购买。价值置换就是使厂商的主销品和促销品在客户心目中实现价值互换，通过促销品的价值催化客户的购买欲。

再看前面那个鞋油成功促销的事例。那个案例中的“价值置换”在于，李进明着是卖鞋油，实际上却是在卖伞。客户用了10元钱买了一把伞，并且在保证没有吃亏的情况下，又得到了两盒高档鞋油。这样就稳赚不赔了。伞补偿了客户的付出，使之成为无风险的购买行为，而高档鞋油产生的则是效用溢价，使顾客有震撼的价值体验。

再看商家赚钱的奥秘，商家赚钱的奥秘就在于商品的成本。用公式可以这样表示：利润来源并不是“利润=鞋油价格-鞋油成本-雨伞的成本”，而是“利润=伞的一般售价-雨伞的成本-鞋油成本”。说得直白一些，就是商家的利润最终是靠卖伞赚来的，是伞的批发价和零售价间的差价。

从这些事例中，还可以看出一个有趣的事，一件产品值多少钱往往不是商家说了算，而是客户依据自己的思维习惯来给它定价。如果销售人员缺乏对客户的这种思维习惯的了解，做不到按照他们的思维习惯去设计产品的推广模式，那销售活动可想而知应该不会很好。通常，客户评价一个商品的好坏、价值多少，往往通过对这件商品的使用价值、制造成本、科技含量、时尚性、品牌和售后服务等方面进行主观分析，然后得出一个价值多少的评估。

一些经验不丰富的销售员在销售的过程中急于求成，禁不住客户的软磨硬泡，往往会很快将产品的售价放低。对客户来说，他们当然想拿到最低的价格。但是如果销售员太容易放价，或者放价太快，客户就会认为还有还价的空间，从而叫销售员继续向经理申请降价。因此，想要让客户感觉物有所值，就不应该轻易给客户让价，要努力让客户产生“这款产品是好东西，而好东西不便宜”的想法。

此外，销售员在介绍产品的过程中要说得详细、专业，提高说服力，介绍出产品的精华所在，这样就容易和客户产生共鸣。如果做不到这点，将会导致销售员的非有效要价和客户心里的价格落差太大，他会通过你的介绍在心里衡量这个东西对自己来说价值是多少。因此要想让客户觉得物有所值，就必须在介绍产品时努力做到详细、专业、突出价值，同时要“顺”着客户的意思。这样客户就会觉得你所推销的产品价值很高，物有所值，从而也就爽快地答应交易了。

5. 让砍价来得猛烈些吧

自古以来，买卖交易中就存在“漫天要价，就地还钱”的说法，这是市场经济的一个特点。在销售活动中，客户与销售者讨价还价是十分正常的事。卖家要谋求更多的利润，而买家想用最少的钱获得最大的利益，双方的做法都是无可厚非的。

就大多数客户来说，自己的钱都是辛辛苦苦挣来的，几乎没有哪一个客户会不问价格、不问质量就痛痛快快地进行购买的。砍价成功会让他们认为得到了别人没有得到的实惠，从而产生一种满足感。另外，有一部分客户有习惯性的“砍价癖”，砍价成功会让他们觉得自己很厉害，满足了他们的虚荣心。作为销售人员，要懂得适当满足客户的这一心理欲求。

对销售人员来讲，一方面固然希望能够攫取到更多、更大的利润，另一方面还要兼顾到客户这种还价的心理诉求。为了达到这种平衡，作为卖家在给产品定价的时候，一定要留出允许销售人员给予客户的让价空间，满足客户还价的心理诉求。

另外，作为一名销售人员，在交易的时候千万不要急于求成。太快的交易只会让客户觉得自己给出的价位偏高，于是便觉得自己在这场交易中吃了亏，有时还会对产品的质量产生怀疑。如此一来，对买卖双方都不利。看看下面这个案例：

一对夫妻在浏览一本精品杂志时，被书中间的插页广告中一座古式的挂钟吸引住了。

妻子说道："多漂亮的挂钟啊，多古色古香！又典雅大方！若是挂在咱们家的走廊上或是大厅中，定会增色不少，美轮美奂。"

丈夫也表示了赞同："嗯，是挺好的，一直想要个这样的挂钟，今天终于找到了。不过这上面没有标出售价，不知道需要多少钱，也不知道去哪儿能买到。"

夫妻二人决定寻找这样的挂钟。经过寻觅，他们在本市的最大一个超市中看到了这款挂钟。妻子掩饰不住兴奋："终于找到了，就是这样的，一点儿不错。"

"是啊，终于让我们找到了！"丈夫回应道，"但是我们说好了，超过500元我们就不要了。"

随后，丈夫找来负责的售货员询问售价。售货员告诉夫妻二人这款挂钟售价是500元。

这个价格没有超出夫妻二人的心理价位。但是丈夫听到售价是这个价格，自然不会这样轻易接受的，于是他说："这么贵，我接受不了，我不愿意说废话，这个钟我准备出300元，可以的话我立刻掏钱，不行的话，我就走了。"

出乎夫妻二人的预料，售货员连眼都不眨一下，就说道："好吧，成交。"

虽然价格比心理预期少了200元，但丈夫却没有感到沾沾自喜，反而有一些吃亏上当的感觉，他不停地问自己："怎么这么痛快？也许200元都能敲定。是不是这钟有什么质量问题，或者并没有看上去那么好？"

事实上这款钟什么毛病也没有，当它被挂在走廊时，正像夫妻二人所说的那样美轮美奂，而且分秒不差。只是这对夫妻的心情却总是轻松不起来。为什么呢？就是因为那位销售员太痛快地接受了他们300元的出价。其实客观地说，这样的钟，这样的售价，已经接近商家的价格底线了，利润已经很低了，也就是说销售员一方根本没有赚到多少钱。这对夫妻觉得自己买贵了，上当了，实际上是心理作用。

这是从一个侧面说明虽然产品价格上有让客户还价的空间，但销售人员不要轻易答应客户的这种还价要求，要努力保持一个"度"。虽然这样要求，但允许客户还价应是一个不变的销售策略。

较为妥帖的做法是在与客户进行议价的过程中适度抬高门槛，不要那么容易就达成协议，要让客户感觉到你是在割爱，这样的价格你是很不乐意接受的，你的利润已经降到了极低点。这样，他们在心理上才会有很大的满足感，才会感觉自己得到了实惠。

所谓狭路相逢勇者胜，销售员和客户之间的买卖交易也是一场心理交锋。作为销售人员要时刻记着，有些客户在乎的不是产品的价格高低，而是他们想通过和你的讨价还价获得一种成就感。所以，一个优秀的销售员不仅要有足够的应变能力，还要懂得并善用客户的消费心理。

6. 给客户占到大便宜的感觉

“客户要的不是便宜，而是要感到占了便宜。”这是流行在销售界中的一句话。这句话说明了什么？说明在购买活动中，客户有爱占便宜的心理。在这种心理的支配下，如果客户有了占便宜的感觉，他就容易购买你销售的产品。

精明的商家巧妙利用了客户的这种爱占小便宜的心理。常常见到一些女士在买衣服的时候，用对方不降价自己就不买来“威胁”商家，而结果通常是商家委曲求全，壮士扼腕般地说“好了，商场就要关门了，我不赚钱卖你了”“您这可是头一份，我挥泪大甩卖，你可不要和朋友说是这个价钱从我这儿买的”“今天我还没开张，你是第一单，赔钱卖给你吧，讨个开业大吉”，最后，买家沾沾自喜地拿着低价买来的优惠品满意而归了。

实际情况是怎样的呢？精明的商家总能找出各种借口卖出东西并让客户觉得占了便宜，商家还是最大的赢家。从中也可以看出，大多数客户不喜欢对产品的真实价钱仔细研究，而是想买些使他们感觉占便宜的物品。看下面这个销售案例：

一位在商场看衣服的顾客相中了一款新上市的衬衫。他一看衬衫的售价是300元，就跟销售人员讨价还价起来：“太贵了，150元吧！”

销售员说：“那可不行，您看看这质地，再看看这款式，这可是新上市的哦。您给的价连本钱都没回来。这样，我看您也诚心诚意买，您给加点钱吧，就算是我给您免费带了一件回来。好不好？”

顾客：“这样吧，你痛快我也痛快吧，180元吧，最高了，卖不卖？”

销售员："好吧，成交，给您带一件，算交了朋友。"

顾客认为得了便宜，付了钱拿了衣服高高兴兴地走了。

实际上这件衬衫成本价加上物流费、库存费等费用一共不到80块钱。顾客只是感觉占了便宜，实际上并没有占到任何便宜。

销售中，商家如何做才能让客户觉得占了便宜呢？细心的客户可能会发现绝大多数商场中最畅销的产品，通常不是知名度最高的名牌，也不是价格最低的商品，而是那些经常促销的产品。促销的目的之一就是让客户有一种占便宜的感觉，从而促进交易。一旦某种以前很贵的商品开始促销，人们就觉得买了实惠，占到了便宜。

这种现象可以从心理学上得到解释。当客户在外界压制下产生强烈的心理不平衡时，容易采取不理智的行动。也就是说，客户在一种"在做活动的时候买会省很多钱，以后再买就亏了"的焦虑下，会强迫自己主动购买的。

另外，虽然每个客户都想占点小便宜，但偏偏又都有一种无功不受禄的心理，这就又给了精明的销售员以可乘之机。他们总是能利用人们的这两种看似矛盾的心理，在未做生意或者生意刚刚开始的时候拉拢一下客户，送客户一些精装的礼物或请客户吃顿饭，以此来提高客户购买自己所推销的商品的概率。

客户的这种心理需求也要求销售人员一定要掌握准客户的心理价位。如果商品超出了客户的心理价位，则交易很难达成。而如果低于客户的心理价位，客户又会对商品质量产生怀疑。所以，把握好客户的心理价位很重要。如果能在提高客户心理价位的基础上，让对方感觉到占了便宜，那么销售活动就会顺利进行下去。

看一个精明的家具厂家是如何利用客户这种心理的。

该家具厂家举行了一次大型促销活动，他们促销的策略是：凡是到家具城买东西的人，都会获赠价值50元钱的小礼物。这项促销活动极大地吸引了贪心的客户，那些本来没有购买意图的人，出于贪便宜接受了礼品，同时又假装告诉销售员，他们是因为想买家具才来参加这次活动的。此时销售员就向拿了礼物的人具体描述展销家具的好处。就这样，50元钱的礼物就使原来无意于产品的人变成了产品的听众，甚至由无意购买的人群变成了购买的主力军。该家具厂家以小博大取得了促销的胜利。

请吃一顿饭，或者送一些精致的食品或物美价廉的小礼物，算不上对客户的贿赂，只算是商家先迈出交流的第一步，其行为无可厚非。商家的目的只是使客户能够接受自己，进而打开销售之路。那些吝于支出这些小恩惠的公司不知道满足客户这方面的需求，结果通常是在销售方面的业绩没有施人恩惠的公司好，这就说明不舍得花钱的卖家其实也不懂得赚大钱。

但是销售人员一定要弄清楚，这种给予客人小恩小惠的方法只是为了加强销售一方与客户之间的沟通与交流。有时即使客户受了销售方的小恩惠，也不见得对方一定会买产品。这种情况下，销售人员不要也不应责怪客户。因为你给予客户的小恩惠并没有使总体利益受损，即使有些受损，也是你自愿所为的结果，是不可避免的代价。

同时，还要注意到，利用客户爱占小便宜的心理对客户施小恩小惠的方法可能会暂时让你取得好回报，但这种方法可能很快会被其他卖家效仿，所以你销售的手段要多样化，这样才能不断提升你的销售业绩。

第十二章 好的销售员，都是心理学家

事巧为，则功倍。在销售中，客户多种多样，需求千差万别。在复杂的销售活动中，销售员要摸清需求，理清形势，顺势而行事，才能促成交易，收获成功，收到事半功倍的效果。

1. 帮助客户消除购物的心理障碍

在销售的过程中，销售员要想顺利完成产品的销售，就要学会适时促使客户下定决心购买产品，也就是要促使客户早做决定。但如何才能促使客户早做决定，下决心购买产品呢？要解决的问题之一是帮助客户克服对产品产生的心理障碍。

客户对产品产生的心理障碍，一般反映在下面三个方面：

第一，客户是对销售员所推销的产品满意度不够。这种情况下，销售员应该查清客户对产品不满意的地方在哪里，看看情况是否真如客户所说的那样。如果客户所说的不满意之处确实存在，那么就要坦言承认，同时要找出产品的优点来弥补这种缺憾，努力使客户明白产品还是值得购买的，美中不足是在所难免的。这样客户多半会放过这些令他们不满意之处。但如果客户所说的不满意的地方是不合情理的，甚至是不存在的，那就一定要指出其错误所在，还产品一个“清白”。

第二，客户嫌产品售价过高。这是很多客户在拍板购买前犹豫不决的重要因素。这方面也分两种情况，一种情况是他们认为产品确实售价过高，换句话说，他们认为产品不值这个价格。另一种情况是客户确实出不起这个价钱。

针对客户这种心理障碍，销售员要把劝导的重点放在对产品的优点介绍以及它能给客户带来的便利和利益上，把客户的注意力转移一下，不再总纠结在价格上。

很多时候，产品的很多优点并不能一目了然、直观地看出来，只有通过销售人员的详细介绍，客户才能了解。因此，只有销售员介绍的信息足够完备，客户才能明白产品的价值和它的售价是匹配的，换句话说，让他们觉得产品值这个钱。

第三，客户对产品不是刚性需求，换一句话说就是客户不是特别需要该产品，因为不是特别需要，所以不想即刻购买。这是人之常情，大多数客户在看产品时，如果不是特别需要，即使看中了某产品，一般都不会马上购买。销售员经常遇到这种情况，他们经常会听到客户不想马上购买某产品的诸多理由。有的时候这些理由是客观真实的，但也有很多时候只是客户的一个借口。如果情况属于后者，那么销售员就要想办法促使客户早做决定。

首先，你要向客户说明延迟购买产品的种种不利之处，比如说目前这款产品正处于促销阶段，有优惠措施，如果过了一段时间，促销措施取消了，优惠就没有了。出于想享受优惠的心理，客户一般都会下定决心购买。

其次，是强调产品的时效性，比如在推销手机时可以这样说："目前这款手机是市场上最新款的，拥有的人并不多，但肯定以后买它的人会很多。如果您过一段时间再买的话，很多人都在用同款的，那样您的心里多不舒服啊。所以……"这样说的话，客户也多半会下定决心立刻购买的。

要促使客户早做决定，下定决心购买，还要取得客户的一定信任，那么如何能让客户相信自己呢?

首先，学会帮客户做出正确的决定。如果你的决定是正确的，那么客户就会加深对你的印象。而对你印象的加深代表了一个良好的开始，客户会开始关注你，这个时候，如果你再努力一步，便会取得客户的信任。

在取得客户信任的过程中，销售员要时刻把握一个原则，那就是你不是来给客户当老师的，而是为客户提供产品和服务的，是为客户解决困难的。只有保持好了这个度，客户对你的芥蒂之心才会慢慢消除，然后才能在心里接受你，最终信赖你。

其次，对自己所负责销售的产品的相关知识，销售员一定要事先了解透彻。有一位销售品牌女性外衣的销售员，总是抱怨自己经常遭到客户的拒绝，后来她的一位同事帮她找到了问题的症结所在。作为一个销售品牌外衣的销售员，自己本身都不注重外形的修饰，对自己所销售的品牌外衣的相关知识也了解得不够，经常被客户问住，再加上在着装方面也没有什么自己的心得，所以遭到客户的抵触和拒绝是很自然的事情。

试想一下，如果这个销售员熟知自己所推销品牌外衣的相关知识，不被客户问住，又能把自己的着装心得分享给客户，然后再加上产品本身良好的修身效果给客户留下的直观印象，相信她肯定不会再像以前那样总是遭到客户的拒绝了。

最后，销售员在与客户沟通时，一定要保持饱满的热情。饱满的热情会给客户留下一种自信、敬业的良好印象，同时会让客户感觉到自己很受重视，从而容易接受销售员的意见，这样就为后续销售员敦促客户早做决定打下了良好的基础。

通常情况下，销售人员可采用下面三种方法促使客户做出购买决定的目的：

（1）过期不候法。通常人都会犯一个毛病，即越是不容易得到的东西，越是想得到。一些精明的销售人员就利用人们的这种“怕买不到”的心理来进行逼单。他们通常会说：“快决定吧，今天是促销的最后一天了，明天就恢复原价了。”“店里只有一件现货了，现在不决定下来，恐怕就买不到了。”在这样的“逼迫”下，很多客户遂做出了购买的决定。

（2）欲擒故纵法。一些客户明明已经看中了某款产品，价格也能接受，但出于某种原因就是不肯做出最后的决定。在这种情况下，销售员采用欲擒故纵法往往很见效。手段有多种，可以起来收拾东西，假装不打算谈下去了；还可以告诉客户自己打算放弃这次交易。如果客户真的打算买，必然会快速做出决定的。

（3）赠品诱惑法。这种方法就是利用客户好占便宜的心理，给予对方一定的优惠，促使其快速做出成交的决定。例如可以这样对想成交又犹豫的客户说：“这样吧，你、我也都别为难了，你要购买的话，我就违规送你一个四件套的赠品，算是结交一个朋友吧！”这种情况下，客户多半会心动，从而快速成交的。

2. 亲身体验胜过千言万语

很多时候，销售员给客户介绍产品或者服务都十分精彩，但效果往往没有让客户亲自试一次更好，这是为什么呢？原因很简单，因为亲自尝试才能更真切地让客户感知产品所具有的性能，客户才知道这个产品是不是他真正所需要的。如果产品的质量无可挑剔，性能也非常符合客户所需，那么不用销售员过多的介绍，他们也会选择购买的。

客户试用产品对产品的销售结果有很重要的影响，但这种影响似乎被很多销售人员所忽视。一位销售经验丰富的销售员认为：客户在试用产品的时候关心的问题是产品能给他们的生活或工作真正带来什么好处。但更多的时候销售员只提供给客户一份产品介绍的清单，却忽略掉了如何帮助客户将产品的这些特点转变为对客户有利的因素，即如何让产品的这些性能为客户所用，这一点是非常遗憾的。实际上，在销售人员对客户说“这是我们产品的新特点”时，他没有意识到这句话对于客户而言实际上是没有任何价值和意义的。因为产品的新特点并不一定是满足客户需求的，这样说很含混，不清晰，客户可能不清楚产品的新特点跟自己有什么关系。如果销售员再加上一句“它可以帮您解决某某问题”，客户就会明白其中关键，也可能就对产品产生了兴趣。

产品的质量和性能是绝大多数客户最关心的问题，毕竟他们购买产品是为了解决问题的，他们很担心花了钱却无法买到一件称心如意的产品。但是，在很多情况下，单凭销售员的介绍和自己的肉眼观察是无法知道产品质量和性能的，这种情况下，就需要客户亲自体验。由此看来，能够为客户提供合适的体验平台可以说是非常重要的。

让客户亲自参与到试用产品中来，也就是间接让客户对所售产品进行判定。客户的这种亲自体验会极大影响销售成绩。

销售员徐小杰引起了同事们的羡慕嫉妒。这是因为作为一个刚入职半年的新人，他的销售业绩远远超过了同事们。除了羡慕嫉妒，同事们更多的是不解和好奇。他们都在猜想徐小杰在推销工作中有什么绝活呢？

实际上，没有多大的秘密。徐小杰所在的公司是一家生产清洁剂的公司。每次徐小杰推销本公司清洁剂的时候，都要随时带着一块玻璃和一瓶清洗剂，边介绍边现场演示。通常在简单介绍完产品的功能之后，他就会热情邀请顾客亲自试用这种清洁剂，在试用过程中再对产品的细节进行更细致的解答。

这样客户不但亲身试验了产品，看到了产品的效果，同时，通过销售员的讲解又对产品的特点和细节有更深层次的把握，自然而然就会对产品的功效有了更深切的体会，心中对产品有了一定的评价，购买信心也就随之提升了上来，购买行为也就自然地发生了。

从这个角度看，产品的好坏不是由销售员来说的，而是由客户来决定的。销售员要做的是想尽办法为客户能够亲身感受产品的功效而创造机会。机会有了，客户亲身体验过了，心中的评价产生了。如果客户感觉到产品如宣传所说的那样具有优势的话，评价自然也是好的。

这种成功的推销模式带来的影响是长期的。这样不但可以增强客户对产品的认识和好感，还可以增强客户对销售员本身及其产品的信任度，这对促进交易成功自然是有益的。

一个女孩来到商场丝巾专卖柜台前看柜台内挂着的各色丝巾。销售人员礼貌地问："您好，小姐，您需要什么？"

女孩说："我想挑选一条丝巾。"

销售员指着不同颜色和款式的丝巾对顾客说："款式和颜色非常丰富，您看看，您喜欢哪一种款式？"

女孩指了指挂在中间的紫色丝巾："这一款拿来我看看。"

销售员脸上挂笑说："小姐，您真有眼光，您知道吗？这些丝巾中，您选的这款是卖得最好的。您可以带上试试，看看效果怎样。您可以这样系，也可以这样，都很靓丽。您试试！”

女孩依照建议试着系好丝巾：“嗯，是不错，很漂亮，很活跃，好，就要它了。”

真的是“说百遍不如做一遍”，如果上述事例中的销售员没有让客户参与到试用中来，而只是一味在那儿自己说了又说，做了又做，可能都不如让客户试用一次效果更好。

如果一个销售员在销售产品刚开始，就很好地为客户营造了一个温馨轻松的购买氛围，并先让客户有机会亲身体验一下产品，在客户充分体会到产品所具有的价值后，再由客户自己决定是否购买。相信其效果定会比自己千说百说要更好，销售业绩也定会好上许多。

销售员要努力为客户创造各种各样的亲身体验的机会，这也是现代销售对销售人员的技能要求之一。只有当客户亲身体验，并对产品有了亲身感受之后，他才能够确切知道这个产品的利弊所在。如果在这个时候，销售员再以巧妙的方式引导客户的想法，使得客户对产品留下一个好印象，成交的可能性也就自然大增了。

3. 别忘记给客户选择的机会

一个有规模、注重文化、想长远发展的企业在制造一件产品前，往往都会事先进行市场调查，并对消费群体进行划分，但这是否就说明制造出来的产品就可以销售出去了呢？并不是这样的。

虽然销售员都会被告知他们所销售的产品都是对客户有用的，是客户需要的，虽然有的客户不需要，但购买欲人人都有，至少在客户购买商品的那一刻，客户自己会认为他是需要这件产品的。

可是这也并不能意味着制造出来的产品一定能销售得出去。因为客户是有选择权的。这就要求销售员在做好种种调研和心理准备之后，还要做好应对顾客选择产品的准备。

举例来说，儿童的玩具、服装、用品乃至游乐设施为什么都是五颜六色的？很简单，就是要满足不同孩子的不同需求。看下面这个事例：

刘峰是一家大型玩具公司的销售员，他对销售玩具有着很深的体会，深谙引起孩子好奇心的重要性和法门。

他认为："在玩具销售中，具有购买力的不是孩子，而是带着孩子进玩具店的大人们。因此并不是只要吸引住孩子就行了，更要博得大人的欢心。从这个角度看，与其说我们在做吸引孩子的工作，不如说我们在做吸引大人的工作。"

一次刘峰接待一对父母和他们5岁的儿子。小男孩看中了一个玩具坦克。

"这个坦克多气派！想要做一个战士去战斗吗？"刘峰摆弄着玩具坦克问

小男孩。小男孩年轻的父母站在一旁。

“看这个按钮，这是发动按钮，你摁一下看看会发生什么。”

小男孩在刘峰的指导下按了坦克上的一个按钮，坦克马上发出亮光和声音，轮子也转了起来。小男孩看起来很兴奋。小男孩的父亲看上去也很感兴趣，他问男孩：“怎么样，喜欢吗？”

小男孩还没有回答，小男孩的母亲却说：“不可以，我们不能买这样的玩具，我不想让他对武器感兴趣。”

小男孩的父亲没有说话，小男孩神情似乎也有些颓然。

“哦！这样，没事，我们还有其他类型的玩具，让我们来看这边。”

小男孩神情又一次飞扬起来，他望向刘峰。刘峰有些神秘地伸手掩嘴：“嘘，我们这里还出售火车。”

刘峰带着小男孩的父母和小男孩来到一个玩具小火车旁边。这是一个较大的玩具，需要为火车铺设轨道，然后才能让“小火车”开起来。

“嗯，做得不错，好像真的一样。”男孩的父亲看着开动着的“小火车”说。

“哦，当然，这是仿真的玩具火车，所采用的材质非常好。很有价值，值得收藏。”

“你说什么，收藏吗？”

“对，您说得没错，它值得收藏。因为它材质好，不容易坏掉，而且做工也非常好，可以留着做纪念。”

刘峰说完这些话，就蹲下身子动手拆开了一套小火车装备给小男孩玩。小男孩的父亲也显出兴趣，蹲下来和小男孩一起玩了起来。这一次，小男孩的母亲没有提出什么反对意见，只是笑了笑说：“小小孩，老小孩，真弄不明白，他们就是喜欢带轮子的东西。”

“那是因为我们是男人，是吧，我们的小男子汉！”男孩的父亲拍拍男孩的肩膀。

“有那么好玩吗？”小男孩的年轻母亲禁不住也凑了过来。

“你试试看。”小男孩的父亲一边说，一边递给妻子一个火车车厢。

最后，小男孩的父亲掏钱买了这套仿真玩具小火车。一家三口手牵着手高兴地离开了。

客户购买东西是有所选择的。这是他们的权力，也是现实的需要。一般来说，孩子的注意力是比较好吸引的，因为他们还处于认知阶段，任何事物都容易引起他们的兴趣。但是成年人则不是这样的，他们已经有了一定的认知能力，对事物有个是非的判断。如果是家长，他们则有义务和责任决定孩子接受事物的对象。

在这个案例中，小男孩的母亲认为坦克是武器，是暴力的象征，她不希望儿子接触，所以将这个玩具否决了。而对于小火车玩具，孩子喜欢，孩子的父亲也喜欢，孩子的母亲虽然不认为“有那么有趣”，但看到孩子和孩子的父亲喜欢，也就没有否决，自然而然接受了。

总之，客户有了选择的余地和空间，其购买需求也就多了满足的机会，一旦其需求得到了满足，交易也就被提到日程上来了。作为销售人员要创造满足客户选择的机会，因势利导，促成交易。

4. 限时限购让人产生购物冲动

调查显示，消费者的购物决定是在很短时间内做出的，也就是说消费者是很容易产生冲动购物行为的。

事实也证明了这项调查的可信度，绝大多数客户都有过冲动消费的经历。家里也总会有那么几件因为一时冲动而购买的价格不菲的东西，这些东西可能用得上，也曾使用过，但多数情况下用不上，或使用不多。既然利用率不高，当初为什么还要买呢？正如前面所说是因为客户一时冲动而做出的缺乏理智的消费行为，同时也是商家巧妙利用客户这种冲动心理的结果。

时丹在市医院上班，是一名刚入职不久的普通护士。她性格较沉稳，并不是一个好冲动的人。可就在昨天，她却花了1500块钱在一家商场给自己买了两套衣服。这样的高消费与她的收入和性格十分不符，要知道她平时可是个十分节俭的人，这究竟是怎么回事？

昨天是休息日，同别的女孩一样，时丹也愿意趁休息的时候逛逛商场。这天她一大早就和同事一起来到商场。她们在人流如织的商场里随意逛着，走着走着忽然听到商场一个服饰专柜的导购员通过麦克风说："尊敬的新老顾客，欢迎光临麦克利维服饰店。为了答谢新老顾客对我们店的支持，我们店举行大酬宾活动，所有商品一律七折，活动仅此一天，明天恢复原价。请新老顾客抓住良机，机不可失，失不再来。请记住，活动仅此一天。"

时丹和同事被吸引过去了，她们刚一进店，导购员就热情地打招呼："欢迎光临，两位美女，随便看看，看好了试穿一下。"时丹看中了两件衣服，一件是时尚连衣裙，一件是套装。时丹试穿了一下，结果每件都让她非常满意。两件衣服风格不同，时丹一时不知道如何取舍。就在她纠结之际，导购人员早已经看出了她的为难，说："美女，这两件衣服风格不一样，你穿哪一件都非常好看，有不同的美。都买了吧，再说今天我店正好大酬宾，平时根本不打折的，明天就恢复原价了，刚才还有个没有你漂亮的小姑娘一口气买了四件。不要犹豫了，机不可失。"

时丹一听，脸上一热，冲动之下当即掏钱将这两件衣服买下。虽然付钱时，时丹有些心痛，要知道这两件衣服打完七折后也要1500元，1500元对于刚入职的她算是巨款，相当于她大半个月的工资。买完后，拎着衣服回家的时丹心里隐隐有些作痛，脚步显得有些沉重。

作为商家来说，他们成功利用了时丹的冲动心理达成了交易。在某些情况下，多数客户都会产生冲动心理。作为销售人员，要审时度势，适时利用客户的这种冲动心理，促使客户做出购买行为，达成交易。销售人员要清楚如何才能制造可以有效利用顾客冲动心理达成交易的机会。通常可以从以下几方面入手：

首先，要与客户建立起信任的关系。多数情况下，顾客都带有一定的戒备心理，不盲目消费，但是如果是自己相信的销售员来推荐产品，则多数顾客会放松警惕，采取购买行动。正因为此，销售人员在与客户交流沟通中，一定要尽力与客户建立起信任的关系，然后适时推荐产品，提高客户的购买兴趣，使客户快速做出购买决定，促成交易。

其次，要设法营造利于购物的良好环境。一份调查表明，消费者的冲动消费主要是源于消费者自身的特性和商店环境的影响。就商场环境来说，卖场布局、灯光设置、商品摆放等都与顾客的购买兴趣密切相关。通常商品的陈列要做到一目了然，尽量将畅销品和高利润品放置在最先进入顾客视线的地方以达到吸引顾客之目的。另外，要努力营造一种利于顾客现场购物的良好气氛。顾客会潜意识将拥挤程度视为商品受欢迎的程度，因此人越多，越拥挤，顾客冲动的概率也就越大。

再次，要实施优惠政策刺激顾客。顾客购买东西多有“占便宜”的心理，这就给商家制造了利用的机会。优惠措施就是商家为了吸引顾客购买而抛出的诱饵。而顾客也多半会在此诱饵的刺激下一时冲动产生强烈的购买欲望，从而成全了商家。固然优惠措施可能会使商家单品的利润下降，但总体上则会使商家收益颇丰。

最后，要看准时机及时出手。作为销售人员一定要准确捕捉顾客瞬间的购买冲动，并及时引导顾客购买，以求快速达成交易。因为顾客极有可能是一时冲动，这个时间段不会很长，而且这个时候顾客最不理智，如果错过了这个良机，可能就失去了交易的机会。所以销售人员一定要看准时机及时出手。

5.“半推半就”的销售奥秘

购买商品通常要经历一个讨价还价的过程，卖家先报价，然后买家还价；接着卖家再给新价，买家再还价，通常要经历这样几个要价还价的回合才能最终达成交易。这是非常正常的现象，因为买东西，每个顾客都想价格低点，即使价格原本已经不算高，顾客往往还会认为价高，要求再便宜些。一些商家就利用顾客的这种心理，在“勉为其难”中搞定顾客，完成了交易，并让顾客有一种占了便宜的心理。从这个角度上看，“半推半就”式销售实际上是一种极为高明的销售方法。看下面这个案例：

伍术来到一家新开业通信店想为自己买一款手机，他将自己的要求对店里的工作人员讲了。工作人员很快给他推荐了几款符合他要求的手机。伍术仔细看了这几款手机，很是喜欢其中的一款手机。无论是从外形还是从功能来说，这款手机都比较符合他的要求。这款手机的售价是999元。伍术觉得有些贵，于是就试探性地问：“有些贵，能不能便宜些？”工作人员说：“看您诚心诚意要买，而且我们店也是新开业，这样吧，您报个价，如果合适我们就给您带一个，如何？”

伍术想了想报了900元，没想到工作人员很爽快地答应了。这让伍术觉得有些不对劲，有一种受骗上当的感觉，这种感觉让他越来越不舒服，于是他就以忘带了钱包的借口匆忙逃离这家手机店。

伍术又来到另一家通信店挑选手机，最后看上了一款和刚才那款手机样子差不多的手机。这款手机的售价是1200元。伍术要求导购给便宜些。导购告诉伍术这个价格已经是最低售价了，别的店没有比他们的售价更便宜的了。

伍术说："我诚心诚意想买，不想再去别家转了，你就想想办法给稍微便宜些吧！"工作人员面露难色说："我真的很为难，要知道我们店里手机的售价是定死的，我没有权利降价。我看你确实想买这款手机，这样吧，我打电话请示一下我们销售经理，看他怎么说。"

这个工作人员随即联系了那位可能并不存在的销售经理，想想便可知，电话那边的经理自然同意了稍微降价的要求。最后在伍术的恳求中，销售员"勉强"以1050元的价格将这款手机卖给了伍术。

伍术很是高兴，像占了便宜似的，他哪里知道他买的这款手机与他第一次可以用900块买下来的手机进价是一样的。

实际上，伍术占了便宜的感觉只是一种心理错觉，他并没有占到便宜。商家在"勉为其难"中攫取到了利润，占到了便宜。

"勉为其难"的营销策略是一种极为高明的促销方法，通常通过下面三种方式实现其"勉强成交"：

（1）以"高价"压制客户。这种方式是商家常用的营销策略，又叫反向谈判战术，即商家用"高价"来镇住顾客，取得先声夺人的销售态势。

要注意的是，商家报出的"高价"要适度，不能漫天要价，以免太离谱的虚高价格一开始就吓跑顾客，这就适得其反了。

（2）以"拒绝"迷惑客户。在和客户的讨价还价中，商家的"拒绝"实际上是一种策略，是一种以退为进的营销手段，并不是真的拒绝。

商家在适当的"拒绝"后，顾客往往会产生"这个产品值这个价""看来这个价格是他们的底线了""再还价他们就可能真的不卖了"。

在这种心理下，客户往往选择了接受。因此，商家要学会适当地"拒绝"，并掌握好"拒绝"的度，让"拒绝"帮你完成交易。

（3）在"勉为其难"中成交。"勉为其难"其实并不是真的感到为难，而是在客户面前做出来的样子，让客户感到你好像确实很为难。这样，在你"勉强"答应了客户要求降价或者其他的要求后，客户便不会得寸进尺，提出别的什么要求来。

需要注意的是，“勉强”成交的一个前提是销售人员在销售开始时一定要提出苛刻的要求，给自己留出让价的空间，这样才能确保在稍作妥协后有利益可赚，同时也会让客户感受到你的诚意。

总之，销售人员要采用“半推半就”这种高明的促销手段，就要掌握好价格尺度，看好有利时机，适时抛出诱饵，这样才能取得预想效果。

6. 利用从众心理的销售话术

由于客户购买东西时大多都有怕上当受骗的心理，因此在最后决定签单时，往往都有些犹豫，迟迟不肯做决定。但是如果他们知道别人已经用过该产品或者已经享受到某项服务，而且还比较认可的时候，他们则会表现出信任，从而下决心签单购买，这就是所谓的从众心理。

在销售环节中，销售人员要看准时机，利用大多数客户的这种从众心理，满足其心理需求，以达成交易。

客户的这种从众心理被商家巧妙利用了。商场的一个专柜前排了一条很长的队伍，他们在排号购买某种商品。很多从此路过的人也加入到队伍中去，虽然他们也不是十分需要这个产品。他们想的是，这么多人都在买，一定有利可图，所以我不能错失机会。在他们看来，其他购买的人总比推销员要可靠。既然客户有这种心理，商家就应设法满足客户的这种需求，乐得赚个盆满钵满。看下面这个案例：

一个推销办公耗材的销售人员前去拜访一位有意向订购自己公司产品的新客户。在精心介绍完公司情况和产品情况后，对方却显得很犹豫，迟迟不肯签合同。

这个销售员看清了客户还存有犹疑心理，于是就说："王先生，我理解您担心的心情，毕竟咱们是第一次合作。您公司入驻这栋办公楼比较晚，还不了解情况。我给您说，这栋办公大楼差不多有三分之一的公司使用过我们的产品，而且目前还在使用。只要他们有这方面的需要，就一定会联系我们的。对于这一点，您完全可以去咨询一下，一定会让您满意的。我知道您公司需要量比较大，您可以先购买一部分产品，如果觉得满意，再大量购进也不迟，您觉得如何？”

客户听了，觉得既然已经有人使用过而且还在继续使用，估计质量和价格是应该有所保障的，于是他决定从这个销售员手里购买一批产品试用一下。

下面这个案例中的销售人员也是巧妙利用客户的从众心理而达成交易的。

一家软件公司新生产出一款新型防病毒软件，经过试验，这种新型防病毒软件的功效非常显著，为提高市场占有率，公司决定开拓新的市场。经过市场调查，公司销售经理郑伟决定把该市的院校作为目标客户。

郑伟打听到本市高等进修学院准备进行网络升级和改造，防病毒软件是其中一项重要升级和改造的目标。郑伟觉得机会来了，于是通过朋友打听这方面的情况，得知这所高等进修学院对产品的质量和性能要求很严。虽然对自己公司的产品十分有信心，但是他也清楚自己公司的产品在教育行业的市场上还没有成功的案例，又听说已经有好几家软件公司也把眼光盯在这次进修学院网络升级改造上，所以他觉得此次销售工作充满挑战。

正如郑伟所料，进修学院负责此次网络升级改造的人第一次接触时就对他们公司产品在教育行业市场上成功的案例太少提出了质疑。无论郑伟如何解释，对方也都无法完全相信他们公司产品的质量和性能。

就在郑伟苦思冥想如何打破僵局时，一位使用过他们公司这款软件的客户给他打电话反馈使用情况。在电话中，对方高度赞扬了郑伟公司这款软件杀毒性能非常高效，令他们十分满意。郑伟见产品使用情况如此良好，灵机一动，想出了一个打破眼前僵局的好办法。在请示过公司的领导后，他又一次拜访了进修学校负责这次网络升级改造的负责人。

这次拜访中，郑伟将自己公司的软件送给对方试用，而且附带了以前客户的联系方式。刚开始，对方还犹豫是否试用，但在和使用过该款产品的客户联系后，决定试用一下。过了不久，一波木马病毒袭击了附近地区的教育行业的计算机系统，绝大多数学校的电脑感染了木马病毒，只有高等教育学院的电脑安然无恙。

经过这次事件，郑伟公司的防病毒软件质量的可靠性和性能的高效性得到了很好的验证。最终，进修学院负责这次网络升级改造的负责人结合之前客户反馈的使用情况和这次自家电脑“独善其身”的事情，决定一次性购买一大批郑伟公司的软件。郑伟由此获得了一张价值不菲的订单。

在销售的过程中，满足客户从众心理的需求可以减轻客户对产品风险的担心，增强其购买信心，往往很容易促成交易，但是在利用客户的这种从众心理时，也要注意下列几个问题：

首先，要保证所举的案例的真实性。在销售中，销售人员为了利用客户的从众心理，往往需要举出购买过该产品的客户的例子。这样的例子一定要真实，而不能有所欺骗。这很重要，因为如果所举的例了不真实，欺骗了客户，就很可能被客户揭穿，从而失去成交的机会。更为严重的是，这样会给客户留下被欺骗、被愚弄的不好印象。不但这次交易不会成功，而且客户还有可能利用各种途径影响其他更多的客户，使他们也留下同样的不好印象，给你造成无法弥补的损失。这种行为无疑是搬起石头砸自己的脚。

其次，要尽量以影响大的老客户作为举例对象。客户虽然有从众心理，但是如果销售人员所举出的例子没有较大的影响，不足以说服他们，他们可能就不为所动。所以，销售人员在举例子说明问题时，尽量选择那些影响大、客户可能熟悉的老客户作为举例对象，这样才能有效利用客户的从众心理，增强说服力。

最后，要防止客户的逆反心理，谨慎使用这种办法。客户有多种类型，并不是所有的客户都有从众心理，有些客户很有个性，很叛逆，喜欢追求与众不同，他们对从众嗤之以鼻，偏偏走“你选，我就不选”的路线。所以在面对这些个性客户时，要谨慎使用从众成交法。如果盲目使用，不但不会促成交易，反而会引起他们的反感。

总之，对于客户的从众心理，要善加利用，看情况，看客户，看时机，运用得法，定会大大促进交易，为自己争取到订单。

7. 搞清客户的逆反心理

逆反心理是一种社会心理现象，指客观环境要求与主体需要不相符合时所产生的一种强烈的反抗心态。通俗点说，是人为了维护自尊，而采取与对方要求相反的态度和言行的一种心理状态。逆反心理每个人都有，只不过有的强烈些，而有的弱些罢了。在某些特定条件下，人的逆反心理会被激发出来，进而支配人们的行为活动。

逆反心理具有双重性，在销售活动中，逆反心理既可以导致客户拒绝购买你的产品，也可能促使其主动购买你的产品。因此，销售人员一定要学会利用客户的逆反心理调动客户的积极性和购买欲望，使自己的销售工作顺利达成。

丁飞经营着一家餐馆。餐馆的生意很红火，丁飞赚了一些钱，他想用赚到的钱换一辆新车。因为他的那辆私家车已开了有一些年头了。一些汽车销售公司的推销员知道了这个消息后，不断前来跟丁飞洽谈购置新车的事情。

几个销售员先后找到丁飞，大谈特谈自己公司汽车的外观有多漂亮，性能有多强劲，多么与使用者相匹配，并嘲笑丁飞现在开的旧车该送进博物馆了，因为它外观破落，性能落后，严重影响了一个老板的形象。面对这些奚落，丁飞产生了一种反感情绪。在这种逆反心理的作用下，他断然拒绝了这些销售员的推销。

丁飞接待了一拨又一拨汽车销售员，无一例外，他们都空手而归。又一个汽车销售员找上门来了，丁飞早已经打定了主意："不管你怎么说，我都不会心动，坚决不买！"令丁飞意外的是，这个销售人员没有像其他销售人员那样劝说他该换车了，而是在看了看他的旧车后，对丁飞说："依我看，您暂时不用换车，您这旧车还能用上一段时间，一年两年应该没大问题。等一年后我再来看看吧！"说完，给丁飞留下一张名片就告辞离去了。

丁飞被彻底弄懵了。这个销售员的话刺痛了他，激起了他的逆反心理："你不是不建议我换吗？我偏要换，就不听你的，看你如何。"

几天后，这个销售员接到了丁飞的一个电话。电话里，丁飞告诉这个销售员自己决定要换一台新车，而且新车的款式已经看好了，价格也没有什么异议，让他带着合同和发票过来就行了。

这两个案例中，前面的销售人员先是大谈特谈自己推销的产品，然后不顾对方的心理一味言语刺激，激起了对方的逆反心理，招致了对他们的厌恶之感，自然推销工作就泡汤了。而最后一个销售员从相反思维出发，巧妙利用了客户的逆反心理，最终顺利达成了交易。

正如前面所说，逆反心理有双重性，销售员要善用客户的逆反心理，以达成销售的目的。在具体利用上，可通过下述两方面激发起或消除客户的逆反心理。

（1）立场转换，巧妙利用逆反心理。很多时候，销售员越是滔滔不绝地介绍，越是想把产品销售给客户，越是适得其反，其结果不但没有将产品成功销售给客户，反而招致了客户的反感。这种情况下，销售人员要学会利用客户的逆反心理，转换自己的立场，反其道而行之。在与客户交流时，适时闭嘴，不多做解释，这样反而会激发起客户的好奇心，让客户主动询问，这样就为后面的销售活动打开了局面。

（2）以可信度消除对方的逆反心理。通常情况下，客户越信任销售员，其购买积极性越高，逆反心理越不容易产生。因此，销售人员要努力取得客户的信任，为自己的销售活动铺垫一个好的基础。

另外，如果销售员能够成功勾起客户的好奇心，也有助于消除对方的逆反心理。因为一旦好奇心被勾起，客户往往就会忽略对方言语中的"不敬之处"，从而忘记了"逆反"。

8. 适时解答，消除客户的后顾之忧

任何产品都不是完美的，都存在不足之处，因此，售后服务就显得非常重要。正因为如此，很多客户都非常看重商家的售后服务，一些客户甚至把售后服务是否完善当成决定他们是否购买的决定性因素。如果某个商家的售后服务令他们不放心，他们就多半会打消购买的决定。反之，如果一个商家的售后服务能让他们放心，没有后顾之忧，那他们就极有可能会做出购买的决定。

宋哲是一商场自营家用电器的推销员。五一黄金周这几天，商场里熙熙攘攘，购物的人很多，很多销售员忙得不可开交，多数人都签下了五六张单子，只有包括宋哲在内的几个销售员没有签下单子。也有一些顾客前来咨询，但不论宋哲怎么说，他们总是问了几个问题后就转身离开了。

一天的时间很快就要过去了，这让宋哲很是着急。一位顾客走了过来，看起智能电饭煲来了，并显示出对其中一款智能电饭煲非常感兴趣。见顾客有购买意向，宋哲急忙走上前去热情地介绍。宋哲的介绍很简单清楚，顾客听得似乎也很明白。介绍完后，顾客问道："产品是不错，不知道售后服务怎么样？包退包换吗？保修期多长时间？能够随时联系到服务人员吗？"

宋哲说道："售后服务是没有问题的，包退包换要分具体情况，保修期一般是一年。至于售后服务电话应该是能打通吧。有时打不通也是正常的。"

这个顾客一听宋哲的这话，有些犹疑，就问道："保修期一般是一年是什么意思？难道还有不到一年的情况？还有什么叫应该能打通？是能打通还是不能打通啊？"

宋哲一下子被问住了，一时之间不知说什么好。顾客看宋哲这个样子，就放下手中的产品，转身就要离开。这些情形早已经被站在一旁的另一名岁数稍大些的销售员看个清楚，他很清楚这个客户想购买这款智能电饭煲，但只因为疑问没有得到很好的解答，有后顾之忧才想要放弃。如果能消除他的后顾之忧，这笔交易肯定能成。他见顾客要走，急忙走了过来解围："不好意思，您稍等，他可能还不太了解售后服务的一些情况。我了解，您的这些问题我可以给您一个令您满意的解答。"

这个销售员针对顾客刚才的那几个疑问做了补充回答："我们商场的家用电器产品一个月内不损坏产品的情况下包退包换。产品有效期为一年。如果您是我们商场的VIP会员，产品有效期则可以延长为三年。还有我们售后服务的热线电话24小时都是可以打通的，随打随通。这一点请您放心。"说完这些话后，这个销售员还拿出一本客户意见反馈薄让这名顾客查阅。这上面记载了之前客户反馈回来的意见。

听了眼前这个销售员的介绍，又看了客户意见反馈表，这位顾客消除了心中疑虑，当即决定购买这款新式智能电饭煲。

这个案例中，这个年纪较大的销售员看出了顾客的疑虑，适时给予了其满意的解答，成功消除了顾客的后顾之忧，促成了交易。

在销售中，销售人员在客户因后顾之忧而准备放弃交易时，就要有针对性地给予其满意的解答，消除其疑虑以便促成交易，一般可以从下列几个方面进行：

（1）以专业形象与客户交流。通常情况下， 如果客户对产品本身比较满意，只是由于对售后服务有疑虑而不肯签单，销售人员一定要以专业素质给客户以满意解答，最终说服客户，促成交易。专业素质不但指销售员要熟知产品的相关情况（包括产品售后服务情况），还要以专业的话语解客户疑问。此外，外在形象也要注意。总之要给客户一个专业的形象，这样才能取信于客户，促成交易。

（2）教客户如何正确使用产品。有这样一种情况，很多消费者在使用产品时出现了问题，其实并不是产品本身有什么质量方面的问题，而是使用者操作不当所致。如果在操作前，销售人员就能告诉客户如何正确使用产品和在使用时要注意哪些事项，那么就会大大降低这种因误操作导致发生问题的概率。同时，也会增强客户的购买和使用产品的信心，对消除他们的后顾之忧大有助益。这种情况下，交易就会得到进展，甚至会很快顺利达成。

（3）给客户提供靠谱的承诺。靠谱的承诺包括两方面，一方面是对产品质量保修的承诺，另一方面是对服务方式的承诺。前者是让客户对所购买的产品的质量保修放心，这可以从公司对所售产品售后服务的年限、保修情况以及服务技术人员的水平来说明。后者是用完善的服务方式来增强客户的购买和使用信心，这可以从定期回访、定期维护、及时回复等几方面来说明。

总之，在销售中，销售员要及时消除客户对产品或者服务的后顾之忧，促成交易。一定不要留下“万事俱备，只欠东风”而致使交易失败的遗憾。